생성형 AI

원리로 이해하는 지혜로운 생성형 AI 활용

차례
Contents

지금 AI 기술의 흐름은 롤러코스터처럼 급격하고 역동적이다. 불과 몇 년 전인 2022년 말과 2023년은 인류가 AI에게 '충격'을 받았던 시기였다. 챗GPT의 등장은 마치 인터넷이나 스마트폰이 처음 나왔을 때와 같은 충격을 주었다. 당시 사람들은 AI에게 시를 쓰게 하거나 철학적인 질문을 던지며 "AI가 이런 것도 할 줄 알아?"라며 감탄했다. 기업들은 서둘러 AI 도입을 선언했지만, 실제 업무에 어떻게 적용할지 몰라 우왕좌왕했다. 그야말로 '탐색과 놀라움'의 단계였다. 그러면서 AI가 만든 그럴듯한 거짓말인 환각 현상 때문에 실망하기도 했다.

시간이 흐르면서 AI는 '놀라움'을 넘어 '공기'처럼 우리 삶에 스며들었다. 지금은 AI가 텍스트만 처리하는 것이 아니라 보고, 듣고, 말하는 '멀티모달'[1] 시대를 지나 사람의 행동을 직접 대신하는 피지컬 AI 시대로 진입하고 있다. 사람들은 더 이상 AI의 존재 자체에 놀라지 않는다.

이 책은 『지식총서 597 AI와 함께 살기』에 이어 AI 생태계의 중심인 생성형 AI를 깊이 있게 다룬다. 생성형 AI가 무엇인지, 어떻게 우리 곁에 오게 되었는지 살펴보고, 어떤 과정을 거쳐 만들어지는지 알아볼 것이다. 생성형 AI는 만들어지는 과정의 특성상 여러 한계를 드러낸다. 이 과정을 이해하면 왜 이런 한계가 생기는지, 해결 방법은 무엇인지 알 수 있다.

이를 극복하고 최소화하려는 기술적 보완이 이루어지고 있지만, 기술만으로 해결되지 않는 부분이 있다. 이 부분에서 사용자에게 어떤 노력이 필요한지 살펴본다. 사용자의 이러한 노력을 생성형 AI 활용도와 연결하여 '생성형 AI 핵심

---

[1] 여러 종류의 모달리티를 동시에 처리하는 AI의 특성. 모달리티는 텍스트, 이미지, 음성, 영상 등 정보를 전달하는 감각 채널이나 데이터의 종류 자체를 의미한다.

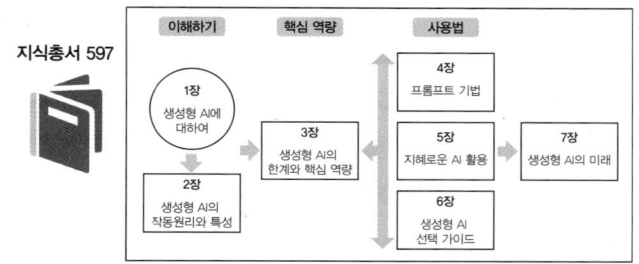

지식총서 598의 로드맵

지식총서 597

| 이해하기 | 핵심 역량 | 사용법 |

1장
생성형 AI에
대하여

2장
생성형 AI의
작동원리와 특성

3장
생성형 AI의
한계와 핵심 역량

4장
프롬프트 기법

5장
지혜로운 AI 활용

6장
생성형 AI
선택 가이드

7장
생성형 AI의 미래

역량'으로 정의했다. 이 핵심역량을 바탕으로 AI와 대화하는 방법인 '프롬프트 기법'과 함께, 자신에게 필요한 AI를 찾는 기본 가이드를 제시했다.

이 책은 화려한 기법을 소개하지 않는다. '이것만 따라 하면 순식간에 전문가, 작가, 크리에이터가 된다'고 주장하지도 않는다. 원리를 이해해서 빠르게 변하는 기술에 언제든 적응할 수 있는 기초 체력을 키우는 것이 목적이다. 본문에서도 언급했지만, AI와 소통하는 법은 인간과의 소통과 다르지 않다. 시간을 들여 학습하고 익숙해지는 과정이 필요하다. 이 책이 우리 곁에 스며드는 AI 세상에서 흔들리지 않는 버팀목이자 나침반이 되기를 바란다.

1. 생성형 AI에 대하여

1장에서는 사용자와 대화하며 사용자의 요구인 프롬프트에 반응하여 텍스트, 이미지, 오디오, 영상 등 새로운 콘텐츠를 만들어 내는 인공지능 기술인 생성형 AI가 무엇인지, 왜 중요한 것인지, 4가지 축의 AI 중에서 왜 가장 자세하게 다루는지를 설명한다. 생성형 AI가 시작은 어디에서 출발해 어떤 과정을 거쳐서 지금의 모델이 만들어졌는지 살펴본다. 이 모든 것을 생성형 AI의 기초로 정리했다 이어서는 생성형 AI에서 사용하는 모델의 작동 원리와 기술적 특성을 설명한다. 이를 통해 생성형 AI를 심도 있게 이해하고 특성을 살려 지혜로운 생성형 AI를 활용할 수 있게 돕고자 한다.

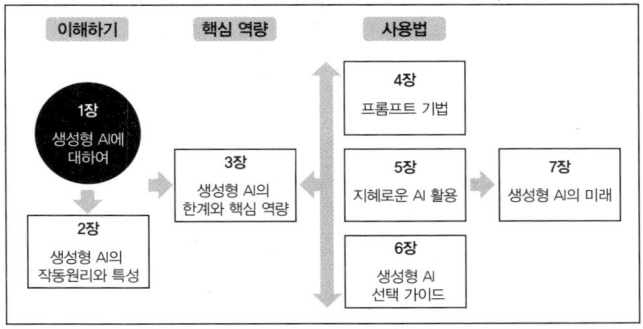

생성형 AI의 중요성

현대 기술 문명에서 생성형 AI(Generative AI)의 등장은 단순한 도구의 발명을 넘어선다. 이는 증기기관이나 인터넷의 탄생에 비견되는 문명사적 전환점이다. 생성형 AI가 이토록 중요한 위치를 점유하게 된 배경에는 필연성이 존재한다. 그것은 생성형 AI가 지각형 AI, 에이전트 AI, 피지컬 AI 등 모든 AI 생태계[2]를 관통하는 운영체제(OS: Operating System)로서 기능한다는 점, 인간과 기계 사이의 장벽을 허무는 유일한 인터페이스라는 점, 그리고 인간 지적 노동의 전 영역을 포

---

2 엔비디아 CEO '젠슨 황'이 2025 CES/GTC에서 강조한 프레임워크 기반

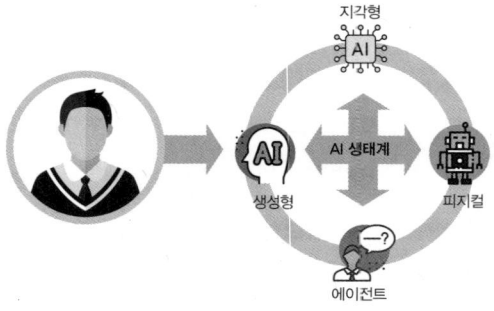

괄하는 광범위한 활용성을 지닌다는 점이다.

AI 생태계의 중심

생성형 AI의 가장 근본적인 중요성은 AI 생태계의 중심, 즉 운영체제 역할을 한다는 데 있다. 과거의 AI는 특정 목적을 위해 좁은 영역에서만 작동했다. 체스를 두는 AI와 공장의 불량품을 식별하는 AI는 서로 호환되지 않았다. 그러나 생성형 AI는 다르다. 건물의 기초처럼, 이 모델 위에 다양한 애플리케이션과 서비스를 쌓을 수 있다.

컴퓨터 역사에서 운영체제가 하드웨어와 소프트웨어를 연결하고 자원을 관리하며 생태계를 통제했듯이, 생성형 AI는 지금 모든 AI 생태계의 두뇌 역할을 한다. 지각형 AI, 에

이전트 AI, 피지컬 AI 모두 생성형 AI라는 거대한 플랫폼 위에서 움직인다. 생성형 AI는 언어, 코드, 이미지 등 다양한 형태의 정보를 통합적으로 이해하고 처리하면서 데이터와 사용자의 의도를 연결한다. 이는 생성형 AI가 모든 디지털 서비스의 기반 인프라로 자리 잡았음을 의미한다.

인간 언어의 이해와 친숙성

생성형 AI가 가진 두 번째 결정적 가치는 바로 '친숙성'이다. 이는 역사상 유일하게 인간과 기계가 인간의 언어로 소통할 수 있게 만든 기술이다. 과거에는 컴퓨터와 소통하기 위해서는 프로그래밍 언어나 복잡한 명령어를 익혀야 했다.

생성형 AI는 이 장벽을 완전히 허물었다. 기계가 인간의 언어를 이해하고 문맥을 파악하며 추론한다. 사용자는 더 이상 기계의 언어를 배울 필요가 없다. 일상적인 대화로 명령을 내리면 AI가 의도를 파악하여 결과를 도출한다.

이러한 인터페이스의 혁신은 기술 진입 장벽을 극적으로 낮췄다. 전문 엔지니어의 전유물이었던 고도화된 데이터 처리 능력이 일반 대중에게 개방되었다. 누구나 질문하고 원하는 답을 얻을 수 있다. 이는 생성형 AI가 사람과 가장 가까운 위치에서 대면하는 기술이 된 이유다.

생성형 AI의 활용 분야

분류	분야	특징
정보·지식 활용	요약·검색, 번역·학습, 데이터 분석, 개인 튜터링	분석 결과물이나 설명을 생성
콘텐츠 생성	글쓰기, 이미지 생성, 영상 제작·편집, 프레젠테이션 제작	창작물을 직접 만들어 줌
업무자동화	프로그램 코딩, 회의록 작성	반복 작업 감소, 절차 자동화, 흐름 정리

확장성

생성형 AI가 중요한 세 번째 이유는 활용 범위가 방대하다는 점이다. 이는 특정 업무를 보조하는 수준을 넘어 지식노동의 전 과정을 재구성한다. 그 범위는 크게 정보·지식 활용, 콘텐츠 생성, 업무 자동화라는 세 가지 축으로 나뉜다.

첫째, 정보와 지식 활용이다. 기존 검색이 단순히 관련 문서를 찾아주는 정도였다면, 생성형 AI는 흩어진 정보를 요약하고 사용자 눈높이에 맞춰 설명하거나 번역한다. 방대한 데이터를 분석해 핵심을 짚어내고 맞춤형 학습 지도를 제공하기도 한다. 단순한 정보 탐색을 넘어, 사용자가 즉시 활용할 수 있는 지식으로 가공해 주는 셈이다. 덕분에 학습과 연구, 의사결정 속도가 획기적으로 빨라진다.

둘째, 콘텐츠 생성이다. 이제 AI는 단순한 보조자가 아니라 창작의 파트너다. 전문 기술 없이 텍스트 명령어만으로도 수준 높은 결과물을 만든다. 기획력만 있다면 누구나 글과 이미지, 영상 등 다양한 콘텐츠를 만드는 창작자가 될 수 있다.

셋째, 업무 자동화다. 반복적이고 규칙적인 업무는 물론 논리적 정리가 필요한 절차까지 자동화하여 효율성을 극대화한다. 생성형 AI는 프로그램 코드를 작성하거나 오류를 수정하고, 긴 회의 내용을 요약한다. 단순 반복 작업이 줄어든 덕분에 인간은 더 고차원적인 판단과 전략 수립에 집중할 수 있다.

도구를 넘어선 파트너

생성형 AI는 잠시 스쳐 가는 유행이 아니다. 디지털 생태계를 떠받치는 운영체제이자 인간의 언어로 소통하는 인터페이스이며, 지적 노동 전반을 아우르는 범용 기술이다. 정보 분석에서 창작과 자동화까지, 쓰임새는 우리가 상상하는 이상으로 뻗어 나간다.

이 기술은 인간의 단순 반복적인 업무를 대체할 가능성이 커지고 있다. 인간은 생성형 AI 능력을 활용해 인간의 능력을 확장하는 도구로 적절하게 사용해야 한다. 복잡한 연산을 계산기에 맡기듯이, 정보 검색, 정보 처리와 초안 작성, 반복 업무는 AI에 맡기면 된다. 그러면 인간은 본질적 가치를 만드는 일에 온전히 집중할 수 있다. 생성형 AI 활용 능력은 현대 사회를 살아가는 데 꼭 필요한 기본 소양이다. 우리는 AI라는 거대한 지적 파트너와 공존하는 법을 익히는 첫 세대이다.

생성형 AI의 역사: 시작과 발전 과정

생성형 AI가 인공지능 역사에서 가장 중요한 변곡점으로 꼽히는 이유는 AI의 역할이 '분석과 분류'에서 '창조와 생산'으로 근본적인 변화를 겪었기 때문이다. 이를 이해하기 위해서는 생성형 AI 이전에 사용해 온 AI, 즉 '판별형 AI(Discriminative AI)'와의 차이를 먼저 살펴봐야 한다. 과거의 AI는 방대한 데이터 속에서 특정 정보를 찾거나, 구별하고, 스팸 메일 분류 작업 등에 특화되어 있었다. 이때의 AI는 데이터 패턴을 학습해 정답을 맞히는 것에 집중했기에 새로운 결과물을 만들어내지는 못했다.

그러나 생성형 AI의 등장으로 AI는 단순히 정답을 고르는 것을 넘어서게 되었다. 학습한 데이터를 바탕으로 세상에 없던 새로운 이미지, 텍스트, 음악, 코드, 영상 등을 만들어낸다. 문맥과 단어 사이의 관계를 파악하는 기술로 AI는 인간의 언어를 문맥까지 이해하고 구사할 수 있게 되었다. 과거에는 챗봇에게 "배가 고프네"라고 말하면 단순히 "근처 식당을 찾아볼까요?"라고 되물었지만, 지금의 생성형 AI는 날씨나 그간의 대화 패턴을 통한 기본 지식을 바탕으로 문맥을 이해해서 "날이 추우니 따뜻한 칼국수는 어떠세요?"라고 제안하며 대화를 이어간다.

생성형 AI의 발전 과정

생성형 AI라는 거대한 숲을 이해하기 위해서는 핵심 엔진인 생성모델의 기원을 이해할 필요가 있다. 이 기술의 여러 기원 중 하나는 인간의 신경세포 작동을 모방한 인공신경망(Artificial Neural Networks)이다. 이후 데이터와 학습 방식과 목표에 따라 다양한 모델 계열이 발전했다. 데이터 기반 머신러닝(Machine Learning)이 확산되면서 분류와 예측을 수행하는 '판별형 AI'가 핵심 역할을 맡았다. 예를 들어 사진을 보고 산인지 바다인지 판별하거나, 대출 심사에서 고객의 신용도를 점수화하는 것이 주된 임무였다. 그러나 2014년에 이 흐름을 뒤바꾸는 중요한 개념이 등장하였다. 바로 '이안 굿펠로우'[3]가 고안한 '생성적 적대 신경망', 즉 GAN(Generative Adversarial Networks)이다.

GAN은 이미지 생성 분야에서 혁신을 일으키며 '생성형 AI'라는 흐름을 열었다. 출발점인 GAN은 가짜를 만드는 생성자와 진위를 가리는 판별자가 서로 경쟁하며 학습하는 방식이다. 이 방식으로 AI는 실사와 구분하기 어려운 고품질 이미지를 만들어내기 시작했다. 이 생성형 AI는 사람 얼굴을 감쪽같이 바꾸는 딥페이크(Deepfake)나 사진을 복원하는 서비스에 널리 사용되었다. 하지만 이때까지만 해도 AI는 주로 이미지 영역에서 두각을 나타냈고, 언어 능력은 여전히 인간의 아이 수준에 머물러 있었다.

트랜스포머의 등장

2010년대 들어 인공신경망을 깊게 쌓아 올리는 '딥러닝(Deep Learning)' 기술이 비약적으로 발전했고, 구글이 2017년 '트랜스포머(Transformer)'라는 혁신적인 개념을 발표하면서 AI의 역사는 결정적인 전환점을 맞이했다. 트랜스포머는 언

---

3 1987년생 미국 컴퓨터 과학자로, 2014년 생성적 적대 신경망(GAN)의 발명자

어 처리에 특화된 구조로 문장 전체를 한 번에 보면서 단어와 단어 사이의 관계에 주목할 수 있고 다음에 올 적절한 단어를 예측하는 것이 핵심 기능이다. 기존 언어 모델은 문장을 순차적으로 읽어야 했기에, 길이가 길어지면 앞부분의 내용을 기억하지 못하는 상황이 있었다.

이 트랜스포머 구조를 기반으로 오픈AI는 기초모델[4] GPT(Generative Pre-trained Transformer) 시리즈를 개발하였다. 단어에서 보이는 것처럼 '사전학습된 생성형 트랜스포머'라는 의미를 포함하고 있다. GPT-1과 GPT-2를 거쳐 2020년 등장한 GPT-3는 자연스러운 글쓰기, 요약, 복잡한 추론, 심지어 프로그램 코딩까지 능숙하게 해낼 수 있게 되었다. 이는 '거대언어모델(LLM:Large Language Model)' 시대의 개막을 알렸다.

이러한 기술적 성취에 이어 대중에게 생성형 AI가 다가온 것은 2022년 11월 공개된 챗GPT(ChatGPT)이다. 사람과 이야기할 수 있는 인터페이스로 연결하고, 사람이 원하는 방식

---

[4]   Stanford CRFM 2021에서 'On the Opportunities and Risks of Foundation Models'라는 논문에서 처음 사용된 개념이다.

으로 답하도록 조정하여 AI가 사람처럼 자연스럽게 대답하도록 조율했다. AI가 연구실을 벗어나 일상의 도구가 된 순간이다. 우리가 일상에서 접하는 챗GPT, 제미나이, 클로드 등이 모두 이 트랜스포머 기술의 산물이다.

최근 트랜스포머의 영향력은 텍스트 영역에만 머물지 않는다. 그림을 그리고, 음악을 만들고, 영상을 생성하는 모델의 핵심으로 확장하고 있다. 언어를 이해하던 방식을 응용해 이미지와 비디오의 패턴까지 학습하게 된 것이다. 바야흐로 트랜스포머는 텍스트를 넘어, 보고 듣고 말하는 모든 감각을 다루는 멀티모달 AI로 진화하며 생성형 AI 생태계의 표준으로 자리 잡고 있다.

디퓨전 모델

동시에 이미지 생성 분야에서도 또 한 번의 도약이 일어났다. GAN에 이어 디퓨전 모델(Diffusion Model)의 등장이다. 디퓨전은 시각 생성의 표준 기술로 노이즈를 제거해 고품질 이미지를 만드는 기술이다. 이는 잉크 방울이 물에 퍼져나가는 물리적 현상에서 착안한 기술이다. 먼저 이미지를 노이즈로 망가뜨려 알아볼 수 없는 상태로 만든다. 다시 노이즈를 단계적으로 제거하며 원래의 이미지를 복원하도록 학습시

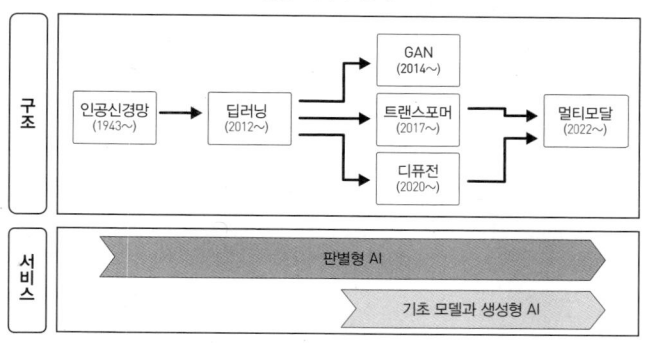

생성모델의 진화

키는 방식이다. 현재 대부분의 이미지와 오디오, 비디오 생성이 이 모델을 따른다. 이는 사실적인 고화질 이미지를 단시간에 생성할 수 있으며 창의적이고 엉뚱한 상상도 이미지로 구현 가능하게 되었다. GAN은 한때 생성모델의 주력이었지만 지금은 복원이나 합성, 위조처럼 특정 영역에서 제한적으로 적용되는 기술이다.

지금의 생성형 AI를 작동하는 중심은 트랜스포머와 디퓨전이다. 멀티모달을 포함한 대부분의 AI는 이 두 모델을 기반으로 콘텐츠를 만든다. GAN은 특정한 서비스 영역에서 보조적 역할을 한다.

멀티모달(Multimodal)

AI는 텍스트와 이미지를 넘어 오디오, 비디오, 3D 모델까지 아우르는 '멀티모달'로 진화 중이다. 과거에는 텍스트로만 묻고 답했지만, 이제는 글을 보고 그림을 그리거나 영상을 보고 시를 짓는다. 인간의 감각기관처럼 다양한 정보를 통합적으로 처리하게 된 것이다.

하루가 멀다 하고 새로운 생성형 AI가 쏟아진다. 그러나 작동 원리에는 명확한 기술적 한계가 존재한다. 이것은 결함이 아니라 구조적 특성에서 기인한다. 생성모델에서 출발해 AI가 만들어지는 원리와 과정을 알면, 이 기술의 경계를 명확히 이해할 수 있다.

2. 생성형 AI의 작동 원리와 특성

2장에서는 생성형 AI의 작동 원리와 특성을 설명한다. 이어서 3장에서 이러한 특성에서 비롯되는 한계를 해결하기 위한 기술적 노력과 사용자에게 필요한 핵심 역량을 다룬다. 여기에는 생성형 AI 활용의 핵심인 프롬프트 기법도 포함된다.

앞에서 설명한 트랜스포머나 GAN 같은 생성모델을 '사전학습'시켜 기초모델을 만들고, 여기에 '미세조정' 단계를 거치면 우리가 사용하는 생성형 AI[5]가 완성된다.

---

5 이하 이 책에서 특별한 언급이 없으면 AI는 모두 생성형 AI를 의미

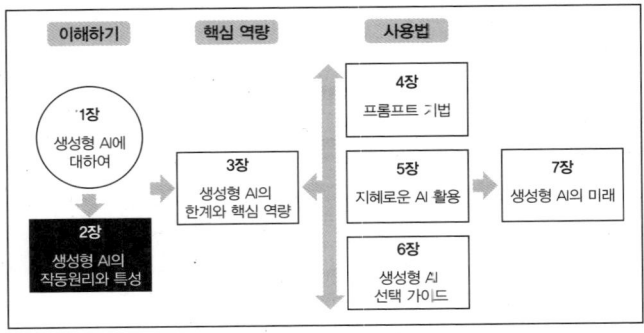

2장. 생성형 AI의 작동 원리와 특성

이 원리는 앞으로 다룰 AI의 특징과 한계, 그리고 극복 방법을 이해하는 토대가 된다. 본질을 알고 활용하는 것이 AI를 제대로 쓰는 첫걸음이다.

트랜스포머

거대언어모델의 작동 원리를 한마디로 정의하자면 '확률에 기반한 문장 이어 붙이기'라고 할 수 있다. 트랜스포머 덕분에 AI는 단어의 단순 나열이 아니라 문맥과 뉘앙스까지 파악하게 되었다.

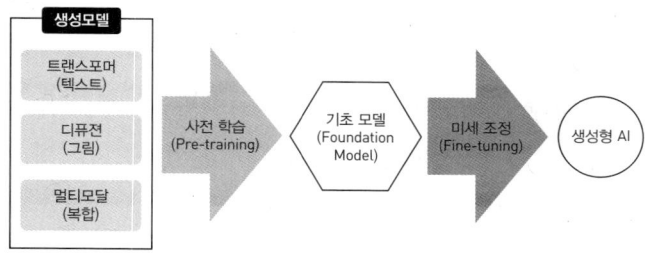

생성형 AI 학습 과정

이 생성모델의 본질은 '어텐션(Attention)'을 통해 전체 문맥을 이해하고, 이를 바탕으로 다음에 올 단어를 '예측(Prediction)'하는 것이다. 여기서 어텐션은 문장 속에 흩어진 단어들이 서로 어떤 관계를 맺고 있는지, 어디에 집중해야 하는지를 파악하게 해 준다. 그리고 이 이해를 바탕으로 수많은 데이터 연산을 거쳐, 수학적으로 가장 확률이 높은 다음 단어를 찾아낸다. 우리가 매일 쓰는 스마트폰 키보드의 '자동 완성' 기능이 확장된 것과 같다.

AI는 이 트랜스포머 구조를 바탕으로 방대한 데이터를 학습하여 기초적인 언어와 지식을 보유하게 된다. 하지만 단순히 지식만으로는 자연스럽게 대화할 수 없다. 그래서 '미세 조정'이라는 과정을 거친다. 이는 AI에게 인간의 언어와 윤리 규범을 가르치는 과정이다.

사전학습(pre-training)

첫걸음은 방대한 데이터를 모으는 일이다. 이 데이터는 모델이 세상을 이해하는 밑바탕이 된다. 텍스트 속에서 패턴을 익히는 과정인 만큼 자료의 양과 질이 성패를 좌우한다. 웹 문서, 뉴스, 백과사전, 책, 코드 저장소, 대화 로그 등 긁어 모을 대상은 다양하다. 하지만 그 안에는 중복된 문서나 아무런 의미 없는 텍스트, 광고, 스팸, 극단적으로 편향된 내용이 뒤섞여 있다. 이런 불순물을 걷어내지 않으면 모델은 왜곡된 패턴까지 그대로 흡수한다. 사전학습 성능의 절반은 사실상 이 단계에서 판가름 난다.

비율 조정도 중요하다. 한국어 모델은 한국어 비중을 높여야 하고, 다국어 모델은 언어 간 균형을 맞춰야 한다. 특정 커뮤니티의 글이 지나치게 많으면 편향이 생기고, 특정 분야의 텍스트가 부족하면 해당 분야 이해 능력이 약해진다. 그래서 수집 후에는 품질 필터링, 악성 문서 제거, 도메인 샘플링, 중복 축소 같은 정제 절차가 뒤따른다.

나중에 모델이 자연스럽고 완전한 문장을 만들어내려면 데이터 단계에서 올바른 토대를 준비해야 한다. 이 작업은 시간이 오래 걸리고 비용도 많이 들지만, 가장 근본적인 기

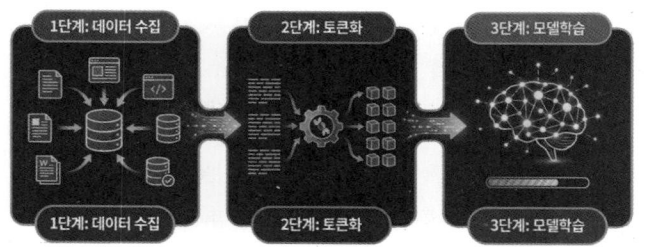

트랜스포머 사전학습 단계

1단계: 데이터 수집　　2단계: 토큰화　　3단계: 모델학습

1단계: 데이터 수집　　2단계: 토큰화　　3단계: 모델학습

(이미지 출처: 구글 제미나이)

반이 된다. 데이터 수집이 잘못되면 편향, 환각, 개인정보 노출, 표현 품질 저하 같은 문제로 이어진다. 데이터가 제대로 준비되어야 모델도 안정적인 언어 감각을 갖출 수 있다.

두 번째 단계인 '토큰화(Tokenization)'는 자연어를 의미 최소 단위인 '토큰'으로 나누는 작업이다. 단순한 준비 과정을 넘어 모델의 정밀도를 결정짓는 핵심 절차다. 토큰을 제대로 나누지 못하면 모델이 아무리 뛰어나도 제 성능을 발휘하기 어렵다. 특히 조사와 어미 활용이 복잡한 한국어에서 토큰화 전략은 더욱 중요하다.

문제는 사용자가 입력하는 질문도 이 과정을 거친다는 점이다. 만약 학습 데이터에 없는 신조어나 줄임말을 입력하면, AI는 단어를 통째로 인식하지 못하고 아는 단위가 나올 때까지 글자를 분리해 버린다. 가령 '살림출판사 지식 총서'를 미리 학습하지 못한 단어인 '살출지총'으로 줄여 쓰면, 학습 과정에서 등록된 토큰을 만날 때까지 쪼개기를 반복하여 결국에는 '살', '출', '지', '총'이라는 낱글자로만 인식할 뿐이다. 결국 AI는 맥락을 놓쳐 엉뚱한 해석을 하거나 모른다고 응답한다. AI와 정확히 소통하려면 표준어를 써야 하는 까닭이다.

세 번째 단계는 '모델 학습'이다. 이는 모델의 기초 두뇌를 형성하는 과정으로, 방대한 텍스트 데이터를 분석해 언어 구조를 통계적으로 익히는 단계다. 사전학습의 핵심 목표는 문맥을 파악해 다음에 올 단어(토큰)를 정확히 예측하는 것이다. 모델은 예측값과 실제 정답의 차이를 계산하며 내부 파라미터를 끊임없이 조정한다. 수십억, 수조 번의 반복 학습을 거치며 모델은 문법과 상식, 논리적 흐름이라는 언어의 뼈대를 갖추게 된다.

하지만 사전학습을 마친 기초모델만으로는 아직 제 역할을 하지 못한다. 언어 데이터의 패턴만 익혔을 뿐이라, 사용자 의도와 무관하게 엉뚱한 답을 내놓기도 한다. 따라서 사전학습은 모델의 기초 체력을 기르는 준비 과정이며, 사용자가 원하는 기능을 제대로 수행하려면 다음 단계인 '미세조정'을 거쳐야 한다.

미세조정(Fine-tuning)

사전학습을 마친 기초모델은 방대한 지식을 보유하고 있다. 인터넷상의 수많은 문서를 읽으며 언어의 규칙과 확률적 패턴을 익혔기 때문이다. 그러나 이 상태의 모델은 실무에 투입하기 어렵다. 사전학습이 언어라는 도구 자체를 익히는 과정이라면, 미세조정은 그 도구를 사용하여 실제로 일하는 법을 가르치는 직무 훈련이다. 모델에게 구체적인 역할과 태도, 그리고 명확한 목표를 부여하여 사용자가 원하는 형태로 다듬는 과정이 바로 미세조정이다.

미세조정의 첫 번째 단계는 지도미세조정(SFT, Supervised Fine-Tuning. 指導微細調整)이다. 사전학습 단계에서 모델은 단순히 앞 단어 뒤에 올 확률이 높은 단어를 예측하는 훈련을 반복했다. 하지만 사용자가 질문을 던졌을 때 단순히 문장을 이어 붙이는 것만으로는 적절한 답변이 되지 않는다. 지도미세조정은 사람이 직접 만든 질문과 그에 대한 모범답안을 데이터셋으로 구축하여 학습시킨다. 이를 통해 모델은 사용자의 명령을 정확히 이해하고, 문맥에 맞는 구조적인 답변을 생성하는 능력을 배양한다.

지도미세조정은 모델의 행동 양식을 결정짓는다. 요약을 요청하면 간결하게 핵심을 추리고, 창작을 요청하면 풍부한 표현을 사용하도록 유도하는 식이다. 특정 분야의 전문성을 강화하는 작업도 이 단계에서 이루어진다. 의료, 법률, 금융 등 특수 분야의 문답 데이터를 집중적으로 학습시키면 모델은 해당 분야의 전문 용어와 추론 방식을 습득한다. 범용 언어 모델이 특수한 목적을 가진 전문가 시스템으로 분화하는 시점이다.

그러나 정답이 하나뿐인 수학 문제와 달리, 언어적 과제에는 무수히 많은 정답이 존재한다. 같은 질문이라도 답변의 어조, 길이, 상세함의 정도에 따라 가치가 달라진다. 지도미세조정만으로는 미묘한 뉘앙스나 인간이 선호하는 답변의 결을 완벽하게 학습하기 어렵다. 여기서 등장하는 것이 선호 기반 튜닝, 즉 인간 피드백을 통한 강화학습(RLHF, Reinforcement Learning from Human Feedback, 強化學習)이다.

강화학습은 AI가 생성한 여러 개의 답변을 사람이 직접 평가하는 과정에서 시작한다. 평가자는 어떤 답변이 더 자연스럽고, 유용하며, 안전한지 비교하여 순위를 매긴다. 이 데이터를 바탕으로 보상 모델(Reward Model)을 훈련하고, AI는 이 보상 모델이 높은 점수를 주는 방향으로 자신의 파라미터를 수정한다. 단순히 말이 되는 문장을 만드는 것을 넘어, 인간이 보기에 '좋은' 답변을 생성하도록 최적화하는 과정이다.

이 과정은 모델의 가치관을 인간의 기준에 맞추는 인간 가치 정렬의 핵심이다. AI는 학습 데이터에 포함된 편향이나 혐오 표현을 그대로 모방할 위험이 있다. 강화학습을 통해 모델은 정중함과 안전성을 배우고, 유해하거나 윤리에 어긋나는 정보를 걸러내는 법을 체화한다. 사용자의 의도가 불순할 때 이를 거절하거나 우회적으로 답변하는 능력 또한 이 단계에서 형성된다. 단순히 지능이 높은 모델이 아니라, 인간 사회의 규범 안에서 공존할 수 있는 모델로 거듭나는 것이다.

미세조정은 단순한 기능 추가나 성능 개선 이상의 의미를 지닌다. 사전학습을 마친 모델이 날 것 그대로의 원석이라면, 미세조정은 이를 사용자가 원하는 보석으로 깎아내는 세공 과정이다. 사용자가 기대하는 언어적 품격과 사고의 흐름을 갖추게 하고, 예측 불가능한 확률 분포를 인간의 의도라는 궤도 위에 안착시킨다. 미세조정을 거쳐야만 생성형 AI는 단순한 텍스트 생성기를 넘어, 실질적인 가치를 창출하는 도구로서 완성된다.

트랜스포머 모델의 특성

학습을 마치고 만들어진 챗봇은 AI로서 글쓰기, 검색, 학습 등 다양한 일을 해낸다. AI가 언어를 익히는 과정은 인간의 방식과 비슷해 보이지만, 주어진 데이터로 언어 능력을 기계적으로 확장했을 뿐 인간의 사고를 대신하지는 못한다. 맥락을 이해하기보다 통계적 확률을 바탕으로 앞뒤 패턴을 조립해 문장을 만들 뿐이다.

여기서 뛰어난 성능에도 불구하고 기술적 한계가 남는다. 이러한 특성을 알면 AI가 왜 그럴듯한 거짓말을 하고 편견을 갖는지를 알 수 있다. 이는 AI의 불완전함을 인정하고, 이 도구를 제대로 활용하는 법을 익히는 출발점이다.

첫 번째 특성은 '지식 단절'이다. 모델이 학습을 마치는 순간 지식의 시계는 멈춘다. 이를 '학습 마감일(Cutoff Date)'이라 부른다. 모델 학습에는 막대한 비용과 시간이 들기에 매일 새로운 정보를 실시간으로 주입하기는 현실적으로 불가능하다. 따라서 학습 종료 시점 이후의 데이터는 모델이 알지 못한다.

이 점이 검색 엔진과 가장 다르다. 검색 엔진은 실시간으로 웹을 탐색(Crawling, 크롤링)하여 최신 정보를 보여준다. 반

트랜스포머 모델의 특성

특성	원인	발생하게 되는 문제
지식 단절	• 학습 마감일(Cutoff Date): 학습 종료 시점 이후의 데이터 부재 • 외부 연결 단절: 실시간 외부 정보와 단절	• 최신성 결여: 최신 뉴스나 사건 인지 불가 • 사실 오류: 과거 정보를 현재 사실인 양 답변
확률적 생성	• 통계적 예측: 사실 검증 없이 확률상 적절한 단어 선택 • 검증 부재: 진위를 판별하는 내부 메커니즘 없음	• 환각(Hallucination): 허위 사실을 진실처럼 생성 • 거짓 정보: 잘못된 정보를 정답으로 제시
순차적 추론	• 단방향 생성: 결론 설계 없이 앞 단어에 이어 순차 생성 • 자기 수정 불가: 선행 단어에 논리를 맞추다 맥락 왜곡	• 논리 비약: 문장이 길수록 앞뒤 맥락 붕괴 • 결론 오류: 전제와 모순되거나 엉뚱한 결론 도출
용량 한계	• 컨텍스트 윈도우(Context Window) 한계: 한 번에 처리 가능한 입력량 제한 • 중간 손실: 입력 내용이 길면 중간 정보 누락	• 맥락 소실: 대화가 길어지면 초기 지시나 내용 망각 • 일관성 부족: 긴 글 작성 시 설정(이름, 성격 등) 변질
데이터 잔존	• 데이터 암기: 민감 정보를 패턴화하여 기억 • 클라우드 처리: 입력 데이터의 서버 전송 및 재학습 가능성	• 정보 유출: 학습된 기밀이나 개인정보가 답변에 노출 • 프라이버시 침해: 사용자 입력 데이터가 타인 답변에 활용

면 거대언어모델은 과거의 데이터 뭉치 속에 갇혀 있다. 외부의 실시간 정보와 단절된 채 고정되어 있어서 최신 정보를 알지 못한다.

사용자가 오늘 발생한 사건이나 최신 주식 시황을 물었을 때, AI가 엉뚱한 답을 내놓거나 과거 정보를 현재 사실인 양 서술하는 이유다. 이는 AI의 지능 한계라기보다, 학습 데이터 저장 시점과 질문 시점 사이의 시차에서 발생하는 구조적 불일치다.

두 번째는 '확률적 생성' 방식이다. 거대언어모델은 사실 여부를 가리는 진리 판별기가 아니다. 주어진 문맥에서 다음에 나올 확률이 가장 높은 단어를 통계적으로 예측해 나열하는 기계다. 모델 내부에는 참과 거짓을 구별하는 메커니즘이 없다. 오로지 학습 데이터 분포에 따라 '그럴듯한' 단어를 선택할 뿐이다.

이러한 통계적 예측은 사실 검증을 거치지 않으므로 이른바 '환각(Hallucination)' 현상을 일으킨다. AI는 모르는 내용을 모른다고 답하는 대신, 확률적으로 연관성 높은 단어를 조합해 허위 사실을 진실처럼 꾸며낸다.

역사적 사건의 날짜를 틀리거나 존재하지 않는 논문을 그럴듯한 제목으로 지어내는 현상은 모델이 거짓말을 해서가 아니다. 확률값에 따라 빈칸을 채우려는 알고리즘이 기계적으로 작동한 결과다. 따라서 사용자는 AI의 답변을 정답이 아닌, 검증이 필요한 초안으로 인식해야 한다.

세 번째는 '순차적 추론' 방식이다. 인간은 결론과 논리 구조를 먼저 설계한 뒤 글을 쓴다. 반면 거대언어모델은 단방향으로 생성한다. 앞선 단어를 바탕으로 바로 다음 단어만 예측하며 나아간다. 결론을 미리 설계하지 않고 순차적 생성을 반복하기에 문장이 길어질수록 논리적 비약이 생길 가능성이 크다.

더 심각한 문제는 자기 수정이 불가능하다는 점이다. 문장 초반에 단어를 잘못 선택했더라도 AI는 되돌아가지 않는다. 대신 이미 선택한 잘못된 단어에 논리를 억지로 맞추며 문장을 잇는다. 선행 단어에 논리가 종속되다 보니 맥락은 왜곡되고, 결국 전제와 모순되거나 엉뚱한 결론에 다다른다. AI는 사고하지 않고 단어를 잇는 연쇄 작업을 수행하기 때문이다.

네 번째는 '용량 한계'이다. 거대언어모델은 한 번에 처리 가능한 입력량, 즉 '컨텍스트 윈도우(Context Window)'가 정해져 있다. 이는 인간의 단기 기억 용량과 비슷하다. 대화가 길어지거나 입력 문서가 방대하면 모델은 초기 지시 사항이나 앞부분 내용을 망각한다.

처리 용량을 초과하면 가장 오래된 정보부터 소실되거나 텍스트 중간 내용을 건너뛰는 '중간 손실' 현상이 발생한다.

이 때문에 긴 호흡의 글을 쓰거나 장시간 대화할 때 일관성이 무너진다.

초기에 설정한 성격이나 이름 등이 변하거나 중요 제약 조건을 무시하는 것은 AI의 집중력이 부족해서가 아니다. 할당된 메모리가 가득 차 이전 정보를 기술적으로 밀어냈기 때문이다.

마지막은 '데이터 잔존' 문제이다. 거대언어모델은 훈련 과정에서 방대한 텍스트 데이터를 신경망의 가중치 형태로 압축해 저장한다. 이 과정에서 민감한 개인정보나 기밀 데이터가 패턴화되어 모델 깊숙이 각인될 수 있다. 이를 '데이터 암기'라 부른다. 특정 조건에서 모델은 학습된 기밀이나 개인정보를 의도치 않게 노출할 위험이 있다.

또한 현재 대부분의 고성능 AI는 클라우드 서버 기반으로 작동한다. 사용자가 입력한 프롬프트는 서버로 전송되어 처리되며, 이 데이터는 서비스 제공자가 모델 재학습에 쓰기도 한다. 무심코 입력한 기업 비공개 정보나 사적인 대화가 타인의 답변 생성에 활용될 가능성을 배제하기 어렵다. 이는 단순한 정보 유출을 넘어 프라이버시 침해라는 심각한 윤리적, 법적 문제를 안고 있다.

디퓨전 모델

오늘날 대중이 접하는 고품질 AI 이미지는 대부분 '디퓨전 모델'을 기반으로 생성된다. 디퓨전 모델 이전에는 주로 GAN이 쓰였다. GAN은 두 모델이 서로 경쟁하며 학습하는 방식이다. 하지만 경쟁하는 모델 간의 균형이 조금만 깨져도 학습 과정이 불안정해지는 특성이 있었다. 판별기를 속이기 쉬운 특정 패턴만 반복해서 생성하는 '모드 붕괴(Mode Collapse)' 현상이 대표적이다. 다양한 얼굴을 그려야 할 AI가 판별을 통과하기 쉬운 특정 인물 사진만 계속 만드는 식이다.

반면 디퓨전 모델은 경쟁 방식을 따르지 않는다. 데이터에 노이즈를 주입했다가 서서히 제거하며 원본을 복원하는 원리다. 덕분에 학습 과정이 안정적이며, GAN보다 훨씬 정교하고 다양한 이미지를 생성한다. 복원 과정을 반복하느라 연산량이 많고 속도가 느리다는 단점이 있었으나, 최근의 기술 발전으로 빠르게 개선되고 있다.

사전학습

디퓨전 모델은 데이터 생성 원리를 근본적으로 뒤집는 발상에서 출발한다. 이 학습 과정은 비평형 열역학의 확산 현상에서 아이디어를 얻었다. 맑은 물에 잉크 방울이 떨어지면 시간이 지날수록 입자가 무작위로 퍼져나가 결국 물 전체가 흐려지듯, 정보가 무질서한 상태로 확산되는 과정을 수학적으로 모델링한 것이다.

픽셀 패턴

학습의 핵심은 이 과정을 거꾸로 되돌려, 흐려진 물속에서 흩어진 잉크 입자를 다시 모아 원래의 방울 모양을 찾아가는 법을 배우는 것이다. 여기서 중요한 개념이 바로 '픽셀 패턴'이다. 픽셀 패턴이란 이미지의 최소 단위인 픽셀들이 서로 유기적으로 결합하여 형성하는 공간적 상관 관계와 통계적 규칙을 의미한다. 즉, 디퓨전의 사전 학습은 무작위한 소음(Noise, 노이즈) 속에서 의미 있는 픽셀 패턴을 찾아내어 정교한 이미지를 재구성하는 '통계적 안목'을 기르는 과정이다.

거대언어모델에서 문장을 구성하는 최소 단위가 토큰인 것처럼, 디퓨전 모델에서 이미지를 구성하는 기초 단위는 픽셀이다. 거대언어모델이 토큰 간의 확률적 관계를 계산해 문맥을 이어가듯, 디퓨전 모델은 픽셀 간의 상관관계를 계산해 정교한 픽셀 패턴을 형성한다.

디퓨전 모델의 학습은 크게 세 축으로 설명된다. 데이터를 점진적으로 무너뜨리는 전방 프로세스, 그 무질서함 속에서 다시 패턴을 찾아내며 복구하는 역방향 프로세스, 그리고 이 복구 과정이 특정 방향(명령어)을 향하도록 길을 잡는 텍스트 인코딩의 결합이다. 즉, 텍스트라는 '지도'를 따라 픽셀이라는 '재료'를 통계적으로 배치하여 이미지를 완성하는 구조이다.

전방 프로세스(Forward Process)

학습의 첫 단계는 패턴 파괴 과정인 '전방 프로세스'이다. 이는 AI가 학습할 문제를 출제하는 단계와 같다. 준비된 고해상도의 원본 이미지에 '가우시안 노이즈(Gaussian Noise)'라 부르는 무작위 잡음을 인위적으로 주입한다. 이 과정은 수백에서 수천 단계의 시점(Time step)으로 잘게 쪼개어 정의된다. 첫 단계에서는 원본을 충분히 알아볼 수 있을 만큼 아주 적은 양의 노이즈만 더하지만, 단계가 거듭될수록 노이즈의 비율은 높아지고 원본 데이터의 정보는 희석된다. 마지막 시점에 이르면 원본 이미지는 사라지고, 완전한 무작위 상태인 등방성 가우시안 분포(等方性 正規 分布, Isotropic Gaussian Distribution)만이 남는다.

중요한 점은 이 파괴 과정이 미리 정해진 수학적 스케줄에 따라 진행된다는 사실이다. 따라서 우리는 임의의 시점에서 이미지가 얼마나 훼손되었는지 정확하게 계산할 수 있다. 이렇게 생성된 '노이즈 섞인 이미지'와 그때 주입된 '정답 노이즈'가 AI의 학습 데이터가 된다.

역방향 프로세스(Reverse Process)

다음에는 본격적인 패턴 복구 단계인 '역방향 프로세스' 훈련이 시작된다. 여기서 디퓨전 모델은 학습 과정에서 시작과 마지막을 정해 놓고 순차적으로 복원하는 과정을 거치지 않는다. 대신 학습의 효율성을 위해 '무작위 시점(Random Time Step)'을 선택하여 학습한다. AI에게 "지금 500번째 단계만큼 망가진 이미지를 줄 테니, 여기에 섞인 노이즈만 찾아내라"고 지시하는 식이다. 다음번에는 100번째, 그다음에는 900번째 단계를 무작위로 제시한다. AI는 매번 서로 다른 시점의 손상된 이미지를 입력받고, 그 시점에 끼어있는 노이즈를 예측하는 훈련을 반복한다. 이는 영화 전체를 처음부터 끝까지 보는 것이 아니라, 필름의 무작위 장면을 골라내어 그 장면의 화질을 개선하는 법을 배우는 것과 같다.

이 방식을 통해 AI는 노이즈가 데이터에 스며드는 통계적 특성을 독립적이고 효율적으로 학습한다. 모델이 예측한 노이즈와 실제 주입된 노이즈의 차이를 최소화하는 것이 이 학습의 수학적 목표다. 이 기계적인 복원 훈련에 '의미'를 부여하는 것이 바로 텍스트와 이미지의 연결 학습이다. 단순히 노이즈를 제거하는 것만으로는 AI가 무작위로 선명한 이미지를 만들 뿐, 사용자가 원하는 구체적인 대상을 그려낼 수는 없다.

텍스트 인코더(Text Encoder)

학습 데이터에는 이미지뿐만 아니라 '눈 덮인 산'과 같은 짝지어진 텍스트 설명이 존재한다. 이를 위해 텍스트 인코더가 학습 과정에 개입한다. 텍스트 인코더는 이 문장을 AI가 이해할 수 있는 고차원의 벡터 신호로 변환한다. AI 모델이 노이즈를 예측하려 할 때, 이 텍스트 벡터가 '조건(Condition)'으로 함께 입력된다.

이를 기술적으로는 '크로스 어텐션(Cross-Attention)' 메커니즘이라 부른다. 쉽게 말해, AI가 "이 흐릿한 픽셀 덩어리에서 노이즈를 걷어내면 무엇이 될까?"를 고민할 때, 텍스트 인코더가 옆에서 "이것은 '눈 덮인 산'이어야 해"라고 힌트를 주는 것이다. AI는 이 힌트를 바탕으로 노이즈를 해석한다. 산의 형상을 만드는 데 방해가 되는 요소는 노이즈로 규정하여 제거하고, 산의 형상을 구성하는 요소는 남기는 식으로 가중치를 조절한다.

이 과정을 통해 AI는 "산"이라는 단어와 뾰족한 삼각형 형태의 시각적 패턴을 뇌신경망 속에서 연결하게 된다. 결과적으로 디퓨전 모델의 사전 학습은, 텍스트라는 이정표를 보며 무질서한 노이즈 숲을 헤치고 질서 있는 이미지로 돌아오는 길을 익히는 과정이다.

수십억 장의 이미지와 텍스트 쌍을 통해 이 과정을 반복하면, AI는 세상의 사물들이 어떤 시각적 구조를 가지는지, 그리고 언어와 이미지가 어떻게 대응되는지에 대한 방대한 확률 분포 지도를 내재화하게 된다. 우리가 프롬프트 한 줄을 입력했을 때 AI가 정교한 이미지를 생성해 내는 것은, 학습 과정에서 무수히 반복했던 '텍스트 조건을 따르는 노이즈 제거'를 순차적으로 발휘한 결과이다.

미세조정

사전학습으로 만들어진 기초모델을 특정 스타일이나 특정 작업에 맞추려면 추가 학습이 필요하다. 이 과정이 미세조정이다. 사전학습으로 '이미지 생성의 문법'을 배우고 미세조정으로 '실전 기술'을 익히는 것이다. 이 두 단계가 이어져야 비로소 AI는 실제 환경에서 우리가 원하는 구체적인 결과를 안정적으로 생성할 수 있다. 미세 조정에는 '드림부스(DreamBooth)'와 '로라(LoRA)'라는 두 가지 방법론을 대표적으로 사용한다.

드림부스(DreamBooth)

드림부스는 AI에게 특정 피사체의 '이름표'를 달아주는 기술이다. 예를 들어 내 사진 여러장을 AI에게 보여주고 "이 사람은 '홍길동'이라는 사람이야"라고 학습시킨다. 학습을 거치면 모델은 입력된 사진에서 얼굴 모습, 피부, 체형 등 고유한 특징을 추출해 '홍길동'이라는 키워드와 결합한다. 프롬프트에 '요트 타는 홍길동'이라고 입력하면, AI는 사전학습 때 배운 요트의 구조에 방금 배운 내 모습을 합성하여 이미지를 만든다. 이 기술로 자신의 모습이나 내가 만든 캐릭터, 애장품 등을 나의 창작 도구로 사용할 수 있게 된다.

로라(LoRA, Low-Rank Adaptation)

LoRA는 드림부스보다 훨씬 가볍고 효율적인 방식이다. LoRA는 모델 위에 얇은 '필름' 한 장을 덧씌우는 것과 같다. 이 방법론은 카메라 렌즈 필터를 사용하는 것과 유사한 결과를 얻을 수 있다. 사진처럼 선명한 실사 이미지를 만들기도 하지만 다양한 스타일로 바꿔가며 이미지를 생성할 수도 있다. 순정만화 스타일을 학습하여 '지브리 애니메이션 스타일 LoRA'를 적용하도록 요청하면 애니메이션 스타일을 생성한다. '전통 수묵화 기법' 같은 특정 화풍을 학습하여 '단원 산수화 스타일 LoRA'를 적용하도록 하면 풍속도 화풍으로 바꾸어 이미지를 만든다. 드림부스로 '무엇(What)'을 그릴지 정의하고, LoRA로 '어떻게(How)' 그릴지 결정함으로써 나만의 창작이 가능해진다.

초기에 LoRA는 스타일 변환에 주로 쓰였지만, 최근에는 특정 인물이나 사물을 학습하는 경우에도 LoRA가 대세가 되고 있다. 드림부스는 비용이 많이 들고 용량이 크기 때문에 '인물 LoRA'와 '스타일 LoRA'를 동시에 겹쳐서 사용하는 방식도 사용된다.

미세조정은 일관성 유지를 위해서도 중요한 학습이다. 영상을 만드는 경우에 처음부터 끝까지 등장 인물의 얼굴이 똑같이 유지되어야 한다. 게임 아이템 아이콘을 만들 때도 통일된 디자인 양식을 유지해야 한다. 기초모델만으로는 장면마다 얼굴이 바뀌거나 스타일이 오락가락하는 현상을 해결하기 어렵다. 하지만 미세 조정을 거친 AI는 사용자가 의도한 캐릭터와 스타일을 고정된 상수로 인식한다. AI는 프로젝트의 맥락을 이해하고 일관된 결과물을 생성하게 된다.

디퓨전 모델의 특성

디퓨전 모델 역시 학습 방식과 구조적 특성으로 인해 고유한 약점을 가지고 있다. 그중에서도 구조적 특성이 더 큰 영향을 준다. 거대언어모델과 디퓨전 모델은 논리, 차원, 수정 난이도라는 세 측면에서 차이를 보인다. 이 차이 때문에 각 모델의 특성도 다르게 나타난다.

가장 큰 차이점은 '논리'를 처리하는 방식이다. 거대언어모델은 논리적 추론이 가능하여 코딩이나 수학 문제를 풀 수 있을 만큼 논리적 인과관계를 어느 정도 학습한다. '빨간 모자를 쓴 파란 고양이'라고 하면, '모자=빨강', '고양이=파랑'이라는 수식 관계를 언어적으로 이해한다. 반면 디퓨전은 논리가 없이 그저 노이즈 속에서 통계적으로 그럴듯한 모양을 찾아내는 것일 뿐이다. "사과 3개를 그려줘"라고 했을 때, 디퓨전은 '3'이라는 숫자의 수학적 의미를 모른다. 그냥 사과가 여러개 있는 이미지들의 통계적 평균을 그리기 때문에 4개나 5개를 그리는 오류가 빈번하다. '속성 결합 한계', '표현력 한계' 같은 현상이 발생한다.

다음은 차원의 한계이다. 거대언어모델보다 디퓨전 모델이 다루는 데이터의 복잡도가 훨씬 높다. 텍스트는 1차원 선

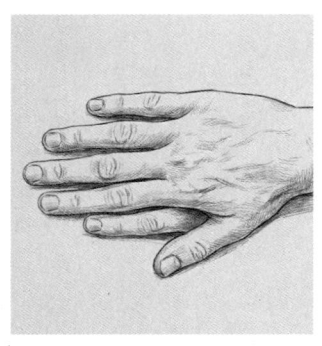
손가락 왜곡 이미지 사례.
(출처: 챗GPT 이미지)

형으로 문장이 왼쪽에서 오른쪽으로 흐른다. 앞뒤 문맥만 맞으면 그럴듯해 보인다. 반면에 디퓨전은 2차원 공간을 다룬다. 이미지는 상하좌우 모든 픽셀이 서로 어울려야 한다. 원근, 공간적 관계, 빛의 방향 등이 동시에 맞아야 한다. 그래서 거대언어모델은 '손가락 5개'라는 개념을 쉽게 말하지만, 디퓨전은 5개의 손가락을 공간상에 겹치지 않게, 관절이 꺾이지 않게 배치하는 데 실패하기 쉽다.

오류 수정의 난이도에도 큰 차이가 있다. 거대언어모델은 답변이 틀리면 "틀렸으니 다시 요약해 줘"라고 하면 알아듣고 고쳐준다. 디퓨전은 손가락 하나가 이상해서 "손가락만 고쳐줘"라고 하면, 전체 그림이 바뀌거나 손이 더 이상해져 일관성이 흔들리는 경우가 많다.

디퓨전 모델은 데이터의 픽셀 통계를 계산하여 시각적 패턴을 재현하는 구조로 이미지를 만든다. 하지만 이는 형태를

'이해'하는 것이 아니라 확률적으로 '조합'하는 방식이므로, 복잡한 물리적 구조나 논리적 일관성을 유지하는 데 근본적인 취약성을 지닌다.

최신 정보 부재

디퓨전 모델은 학습 데이터가 수집된 특정 시점까지의 정보만을 보유한다. 모델은 학습 과정에서 구축된 데이터셋 내부의 시각적 통계 수치를 바탕으로 이미지를 생성하므로, 학습 마감 시점 이후에 발생한 사건이나 발명한 사물에 대해서는 알지 못한다. 이러한 정보의 단절은 결과물에서 지식과 사실의 오류를 발생시킨다. 예를 들어 사용자가 최신형 스마트폰이나 갓 출시된 자동차 모델의 이미지를 요청하더라도, AI는 자신이 학습한 과거의 디자인 데이터를 조합하여 결과물을 내놓는다. 사용자는 최신 정보를 기대하지만 AI는 물리적으로 데이터가 존재하지 않는 영역에 대해 답변할 수 없기에 과거의 데이터에 의존한 구식 이미지를 생성하게 된다.

확률적 생성

디퓨전 모델은 무작위 노이즈에서 시작하여 픽셀의 통계적 확률에 따라 이미지를 정교화하는 방식을 취한다. 이 과정에서 랜덤 시드(Random seed)라 불리는 무작위 숫자가 생성의 기초가 되는데, 이는 픽셀 단위의 통계적 계산과 결합하며 예측 불가능한 결과를 초래한다. 특히 텍스트 수식어가 엉뚱한 대상에 연결되는 속성 엉킴 현상이 발생하면 AI는 실재하지 않는 형태를 만드는 환각 증상을 보인다. 손가락이 6개로 묘사되거나 인체의 관절이 기이하게 꺾인 이미지가 대표적이다. 또한 같은 캐릭터를 반복해서 생성하더라도 매번 얼굴의 세부 묘사가 달라지는 등 시각적 일관성을 유지하기 어렵다는 한계도 이 확률적 생성 구조에서 기인한다.

속성 및 언어 해석의 한계

AI는 사용자가 입력한 단어를 인간처럼 추상적 의미로 이해하지 않고 시각적 패턴으로 인지한다. 이로 인해 단어와 단어 사이의 수식 관계나 문법적 맥락을 정확하게 구별하는 데 어려움을 겪는다. 이러한 해석의 한계는 멀티모달 간섭과 왜곡으로 이어진다. '파란 컵과 노랑 쟁반'이라는 구체적인 지시를 내려도 AI는 파란색과 노란색이라는 속성을 각 대상에 정확히 매칭하지 못하고 색상을 뒤바꿔 생성하거나 혼합해버린다. 수량 인지 능력 역시 미흡하여 특정 개수를 지정하더라도 이를 무시하고 대략적인 뭉치로 표현하는 오류를 빈번하게 노출한다.

물리 법칙의 부재

디퓨전 모델은 우리가 사는 3차원 공간에 대한 물리적 이해가 없다. 모델이 학습하는 대상은 입체적인 사물이 아니라 2차원 평면의 픽셀 통계 데이터일 뿐이다. 중력, 빛의 굴절, 반사 같은 물리 법칙을 논리적으로 계산하여 이미지를 만드는 게 아니라, 기존 데이터에서 보았던 픽셀 배치의 확률을 흉내 낸다. 이 때문에 결과물에서 심각한 논리적 오류가 발견된다. 거울에 비친 모습이 실물과 다르거나, 광원의 위치와 상관없이 그림자가 엉뚱한 방향으로 뻗어 나간다. 이는 AI가 시각적 겉모습은 묘사할 수 있어도 그 바탕에 깔린 물리적 인과관계는 파악하지 못함을 보여준다.

텍스트 렌더링

이미지 생성 AI는 이미지 속 글자를 언어적 기호가 아닌 선과 면의 시각적 집합체로 인식한다. 텍스트를 고유한 의미를 지닌 문자로 처리하지 않고 단순한 이미지 패턴의 일부로 취급하기 때문에 정확한 철자 표현이 불가능하다. 그래서 텍스트가 뭉개지거나 해독 불가능한 외계어처럼 나타난다. 사용자가 특정 문구를 담은 포스터나 간판 이미지를 만들려고 할 때, AI는 글자의 획을 부정확하게 연결하거나 무의미한 문양으로 대체한다. 이는 텍스트를 기호로 처리하는 언어

모델과 시각적 패턴을 다루는 디퓨전 모델의 결합이 완벽하지 않음을 의미한다.

정보 처리 용량

디퓨전 모델이 한 번에 처리할 수 있는 텍스트 토큰의 양에는 물리적인 제한이 존재한다. 입력되는 문장이 길어질수록 모델 내부의 주의력 메커니즘은 분산되며, 이는 전체적인 지시 사항의 누락으로 이어진다. 복잡하고 긴 묘사를 제공할 경우 AI는 문장의 앞부분이나 핵심 지시보다는 뒷부분의 부가 설명에만 치중하여 결과물을 내놓기도 한다. 이 과정에서 기억 맥락이 손실되어 처음에 강조했던 설정이 무시되거나 전체적인 장면의 맥락이 뒤바뀌는 현상이 발생한다. 사용자의 요구가 길고 상세할수록 오히려 AI가 지시 사항을 부분적으로 망각하여 불완전한 이미지를 생성할 확률이 높아진다.

데이터 및 윤리적 한계

디퓨전 모델의 성능은 학습에 사용된 데이터의 품질과 분포에 절대적으로 의존한다. 특정 화풍, 특정 인종, 특정 직업군에 치우친 데이터로 학습된 모델은 자연스럽게 편향된 결과물을 생성한다. 이는 특정 인종이나 직업에 대한 고정관념을 강화하는 사회적 편견의 문제로 이어진다. 또한 학습 데이터 필터링이 미비할 경우 타인의 저작권이나 초상권을 침해하는 이미지를 생성하여 법적, 윤리적 논란을 야기한다. 보안과 프라이버시 위험 역시 주요한 취약점으로 지목된다. 특정 개인이나 저작물을 무단으로 복제하거나 권리를 침해하는 결과물은 기술적 완성도와 별개로 생성형 AI가 해결해야 할 중대한 사회적 과제이다.

이 모든 특성은 사전학습 단계와 깊은 관련이 있다. 디퓨전 모델은 노이즈 예측이라는 단순한 목표만 가진다. 목표가 단순한 만큼 훈련 과정도 단조롭고 학습 결과도 편향을 그대로 담는다. 잘못된 데이터는 수정되지 않는다. 사람이 피드백을 넣지 않으면 오류는 그대로 쌓인다. 모델 구조도 이런 한계를 해결하지 못한다. 장면의 의미나 시간 흐름을 파악하는 기능은 처음부터 설계되어 있지 않다. 사전학습 데이터를 정제하고 균형 있게 구성하더라도 모델이 본질적으로 지닌 취약점은 남는다.

사용자는 이런 특성을 이해하고 적절히 보완해야 한다. 원하는 장면을 얻기 위해 프롬프트를 여러 단계로 나누거나 조건을 구체적으로 설정하는 작업이 필요하다. 생성된 이

디퓨전 모델의 특성

특성	원인	발생하게 되는 문제
최신 정보 부재	• 학습 데이터 마감 시점 이후 정보 없음	• 지식·사실 오류 – 신제품 이미지를 요청했는데 과거 디자인으로 생성
확률적 생성	• 랜덤 시드: 픽셀 통계와 무작위 생성 • 속성 엉킴: 텍스트 수식어가 엉뚱한 대상에 연결됨	• 환각 – 엉뚱한 이미지 생성(예: 손가락 6개 이미지) • 일관성 – 같은 캐릭터도 생성 시마다 얼굴이 달라짐
속성 및 언어 해석의 한계	• 단어를 의미가 아닌 시각적 패턴으로 인지 • 단어 간의 수식 관계를 정확히 구별하지 못함	• 멀티모달 간섭 및 왜곡 – 색상/위치 혼동('파란 컵과 노랑 쟁반' 요청시 색상을 뒤바꿔 생성) – 수량 인지 오류 개수를 지정해도 무시하거나 대략적인 뭉치로 표현됨
물리 법칙의 부재	• 3D 공간 개념 없이 2D 픽셀 통계로만 생성	• 추론·논리 오류: – 거울 반사 불일치, 그림자 방향 오류 등
텍스트 렌더링	• 글자를 기호가 아닌 '선과 면'의 집합으로 인식	• 멀티모달 간섭 및 왜곡: – 텍스트 뭉개짐(이미지 속 글자가 뭉개지거나 외계어처럼 생성됨)
정보 처리 용량	• 텍스트 토큰(단위) 제한 • 긴 문장 시 주의력(Attention) 분산	• 기억 맥락 손실: – 지시 사항 누락(복잡하고 긴 지시는 중간 또는 뒷부분 묘사가 무시됨) – 맥락 바뀜(핵심 지시보다 부가 설명에 치중한 결과물 생성)
데이터 및 윤리적 한계	• 특정 데이터에 치우침 • 학습 데이터 필터링 미비 • 특정 데이터에 편중된 학습	• 보안·프라이버시 위험 – 권리 침해(저작권, 초상권 등) – 편견(특정 인종, 직업 등에 대한 고정관념)

미지를 원하는 방향으로 수정하고 다시 생성하는 과정을 계속 반복해야 한다. 기술적으로는 데이터 정제 강화, 균형 조정, 구조적 제약을 넣는 새로운 모델 설계, 텍스트와 이미지를 함께 학습시키는 방식이 시도되고 있다. 그러나 노이즈를 제거해 이미지를 복원하는 구조 자체가 갖는 특성은 여전히 존재한다.

멀티모달

우리는 지금까지 AI를 이해하기 위해 트랜스포머와 디퓨전을 따로 떼어놓고 생각했다. 그리고 이 둘을 합쳐서 보고 듣고 말하는 것을 '멀티모달'이라고 불렀다. 초창기에는 텍스트와 이미지를 단순히 이어 붙이는 방식이 많았다. 트랜스포머는 언어를 처리하고 디퓨전은 이미지를 생성했으며 두 모델을 약하게 연결하였다. 초기에는 모달 간 정보 흐름이 약해 자연스러운 대화형 생성이 어려웠다.

멀티모달 기술은 빠르게 변화하여 사용자는 텍스트·음성·이미지·영상 입력을 자연스럽게 섞고 모델은 이를 하나의 맥락으로 처리한다. 설명과 질문이 여러 입력 형태로 이어져도 모델은 끊기지 않는 '대화형 멀티모달'로 발전하였다. 대화형 멀티모달은 하이브리드와 네이티브 두 갈래로 나뉜다.

하이브리드 멀티모달은 기존 언어 모델과 이미지 모듈을 연결하는 보정층을 넣어서 만드는 방식이다. 목적과 용도에 따라 언어 모델이 중심이 되는 경우도 있고 이미지 모델이 주 기능이 될 수도 있다. 기능 확장은 빠르지만 통합의 자연스러움은 부족하다. 그럼에도 비용 효율이 좋기 때문에 중형 모델과 영역 특화 모델에서 널리 쓰인다.

네이티브 멀티모달은 처음부터 통합 설계로 만든다. 모달별 모듈이 따로 돌아가지 않고 같은 표현 공간을 공유한다. 이미지, 음성, 텍스트가 모두 같은 방식으로 의미를 변환한다. 계산 흐름이 단순하고 반응이 빠르다. 최근에 업계가 추구하는 방향도 네이티브를 지향한다.

멀티모달의 특성

초기 멀티모달과 하이브리드 멀티모달은 결합 방식이 달라도 트랜스포머와 디퓨전 각각의 약점이 줄지 않았다.

이들은 첫째, 텍스트와 이미지 표현 공간이 분리돼 있다. 사용자의 지시를 두 모듈이 같은 의미로 이해하지 못한다.

둘째, 지시 전달이 중간에서 깨진다. 언어 모델이 해석한 지시가 이미지 모듈에 전달될 때 의미가 단순화되거나 왜곡된다. 셋째, 오류가 단계적으로 누적된다. 텍스트 해석에서 연결층 변환, 이미지 생성 과정이 분리돼 있다. 어느 단계에서든 오류가 생기면 전체가 흔들린다. 프롬프트는 첫 단계에만 영향을 주고 그 이후 단계는 약하게 작동한다. 넷째, 통합 추론이 약하다. 이미지에서 얻은 정보를 언어 모델이 깊이 있게 활용하기 어렵다.

텍스트 이해가 부족하면 이미지 생성이 어긋나고 이미지 분석이 약하면 답변도 흔들린다. 모달 간 표현 공간이 통합되지 않았기 때문에 구조적 부족함이 자연스럽게 드러난 셈이다. 네이티브 멀티모달은 이런 취약점을 통합 공간에서 해결하려는 노력의 결과이다.

네이티브 멀티모달 모델은 모든 모달을 하나의 공간에 넣어 학습한다. 텍스트와 이미지가 따로 놀지 않고 하나의 감각처럼 움직여 실생활에서 자연스러운 반응을 만든다. 네이티브 모델은 앞선 모델의 취약한 면을 완전히 해결한 것은 아니지만 상당 부분 해소했다. 다만 구조가 단순해지는 만큼, 기술적 완성도와는 별개로 설계 방식 자체에서 비롯되는 필연적 취약점이 있다. 이 취약점 때문에 왜곡된 정보가 생성되거나 사용자 의도를 완전히 빗나가는 결과물이 나온다.

첫 번째로 주목해야 할 특성은 모달 확장의 난이도가 매우 높다는 점이다. 이는 AI에 새로운 감각 체계나 데이터 형식을 추가하고자 할 때 발생하는 기술적 제약이다. 네이티브 모델은 새로운 모달이 추가될 때마다 전체 표현 공간을 재정렬하는 과정을 거치는데, 이 과정에서 기존에 공고하게 구축되어 있던 지식 체계가 뒤틀리는 현상이 발생한다. 이에 따라 신규 모달을 학습하는 과정에서 이전에 습득한 지식 체계가 흔들리거나 정보 간의 연결 고리가 왜곡되어, 모델은 이미 알고 있던 사실조차 틀리게 출력하는 지식 및 사실 오류를 범하게 된다. 이는 새로운 기능을 추가하려는 시도가 도리어 기존 성능의 안정성을 해치는 결과로 이어짐을 의미한다.

두 번째는 모달 균형의 붕괴 문제이다. 이는 학습에 사용되는 텍스트와 이미지 등 개별 데이터 사이의 양적, 질적 균형이 맞지 않을 때 발생하는 현상이다. 네이티브 멀티모달 모델은 서로 다른 데이터를 동일한 공간에서 공유하며 학습하는데, 특정 모달의 데이터가 부족하거나 품질이 낮으면 해당 모달의 추론 능력이 급격히 약화하는 결과를 초래한다. 예를 들어 텍스트 데이터의 비중이 시각 데이터보다 압도적으로 많을 경우, 모델은 시각 정보에 근거한 정교한 판단보다는 언어적 통계에 의존하게 되어 시각적 추론과 논리적 인과관계 파악에 실패하는 추론 및 논리 오류를 야기한다. 데이터의 불균형이 모델 내부의 논리 구조를 편향되게 만드는 것이다.

세 번째로 순환 누적 오류이다. 이는 텍스트와 이미지 사이의 정보 전환이 반복적으로 일어나는 과정에서 미세한 오차가 제거되지 않고 연속적으로 증폭되는 현상을 말한다. AI가 복합적인 작업을 수행하며 여러 단계를 거칠 때마다 이 오차는 걷잡을 수 없이 커지며, 결국 모델은 초기 지시문이 담고 있던 맥락을 상실하게 된다. 이러한 변환 과정의 반복은 기억과 맥락의 손실로 이어져, 결과적으로 사용자가 처음 요청한 의도와는 전혀 상관없는 엉뚱한 결과물을 생성하는 직접적인 원인이 된다.

네 번째는 모달 간의 상호 간섭과 혼합 현상이다. 통합된 구조 내에서 서로 다른 모달 사이의 경계가 흐려짐에 따라, 한쪽 모달이 가진 약점이 다른 모달로 전이되거나 불필요한 감각 데이터가 섞여 들어가는 문제가 발생한다. 이는 시각 정보에 부적절한 언어적 해석이 개입하거나, 텍스트의 의미와 이미지의 시각적 요소가 서로 일치하지 않는 왜곡 현상을 만들어낸다. 이러한 멀티모달 간섭은 생성된 정보의 신뢰도를 근본적으로 훼손하며, AI가 복합적인 정보를 입체적으로 처리하지 못하고 서로 간섭을 일으켜 정보를 왜곡하는 결과를 낳는다.

다섯 번째는 데이터 오류에 대한 극심한 민감성이다. 멀티모달 AI의 통합 구조는 학습 데이터에 포함된 아주 미세한 오류조차 이미지와 텍스트의 대응 관계 전체를 비틀어버릴 정도로 민감하게 반응한다. 데이터 품질의 작은 차이가 모델 내부의 정렬 상태를 흔들며, 생성물의 품질을 불안정하게 만든다. 사용자가 동일하거나 유사한 요청을 반복하더라도 출력물의 수준이 매번 달라지거나 일관성이 결여되는 현상은 바로 이 때문이다.

마지막 여섯 번째는 통합 표현 공간의 데이터 잔존 현상으로 인한 보안 위협이다. 특정 모달에 속한 정보가 처리 과정에서 의도치 않게 다른 모달의 데이터와 혼합되어 통합 공간 내부에 남게 되는 경우가 발생한다. 이처럼 통합된 공간에 잔존하던 데이터는 특정 상황에서 의도하지 않게 노출될 수 있으며, 이는 심각한 보안 및 프라이버시 위험을 초래한다. 특히 특정 이미지와 밀접하게 결합했던 민감한 개인 정보나 텍스트 데이터가 모델의 내부 공간에 남아 있다가 외부로 유출될 가능성은 기술적 편의성 이면에 숨겨진 중대한 위험 요소이다.

네이티브 멀티모달의 특성

특성	원인	발생하게 되는 문제
모달 확장 난이도	새로운 모달 추가 시 재정렬하는 과정에서 기존 지식 체계가 뒤틀림	• 지식·사실 오류: 신규 모달 학습 시 기존의 지식 체계가 흔들리거나 정보가 왜곡되어 잘못된 사실을 출력
모달 균형 붕괴	모달 데이터가 맞지 않아서 해당 모달의 추론 능력이 약화됨	• 추론·논리 오류: 텍스트가 많으면 시각적 추론이 약해지는 등 데이터 불균형으로 인해 논리적 인과관계 파악에 실패
순환 누적 오류	텍스트와 이미지 간의 전환이 반복될 때 마다 미세한 오차가 연속 증폭되어 초기 지시문의 맥락을 상실	• 기억·맥락 손실: 변환 과정이 반복될수록 초기 지시사항의 맥락을 잊고 전혀 다른 결과물을 생성
모달 상호 간섭 및 혼합	모달 경계가 흐려 한 모달의 약점이 전이되거나 불필요한 감각이 섞임	• 멀티모달 간섭·왜곡: 시각 정보에 엉뚱한 언어적 해석이 끼어들거나 텍스트–이미지 간 의미가 일치하지 않는 왜곡
데이터 오류 민감성	아주 작은 데이터 오류가 이미지–텍스트 대응 전체를 비틀어 버림	• 일관성 결여: 미세한 데이터 품질 차이로 인해 동일한 요청에도 생성물 간의 정렬 상태나 품질이 불안정
통합 표현 공간의 데이터 잔존	특정 모달의 정보가 다른 모달에 혼합되어 노출	• 보안·프라이버시 위험: 특정 이미지와 결합된 민감한 텍스트 정보 등이 통합 공간 내에 잔존하다 의도치 않게 노출

네이티브 멀티모달은 AI와 인간이 자연스럽게 대화할 수 있도록 만드는 통합 구조를 목표로 하지만 아직 완성 단계

는 아니다. 강력한 성능의 이면에는 구조적 취약성이 존재한다. 입력 데이터의 불균형에서 비롯되는 품질 저하, 통합 구조가 일으키는 순환적 오해와 맥락 상실, 그리고 보안상 허점은 반드시 해결해야 할 과제들이다. 데이터 품질을 고르게 만들고 모달 간 균형을 잡는 기법이 발전하면 모델은 점차 안정될 것이다. 오류 축적을 줄이는 기술도 빠르게 개발되고 있다. 지금은 통합 방식이 성숙해 가는 과정으로 모델의 발전 수준은 우리가 생각하는 수준 이상으로 빠르게 진전되고 있다.

3. 생성형 AI의 특성과 핵심 역량

AI는 뛰어난 성능을 갖추고 있지만, 고유의 특성에서 비롯된 근본적인 취약점도 지니고 있다. 이러한 취약점은 모델 설계 방식, 데이터 품질, 학습 과정 등 여러 요인에서 발생한다. 3장에서는 AI가 가진 현재의 취약점을 종합하고, 이를 보완하며 발전하고 있는 기술의 방향을 살펴본다. 현재의 작동원리와 기술적 특성을 최대한 활용해 한계를 극복하고 AI를 효과적으로 활용하기 위해 사용자에게 필요한 핵심 역량도 설명한다.

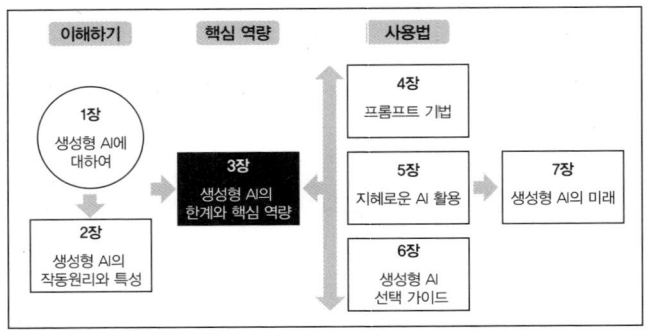

AI가 가진 한계와 해결 방안

AI 고유의 특성들이 복합적으로 작용하면서 예상하지 못한 결과를 제시할 수 있다. 이의 원인을 분석하면 대략 여섯 가지 주된 이유로 분류가 된다. 비약적인 기술 발달로 이러한 한계가 점차 극복되고 있지만, 완전한 해결은 여전히 어렵다. 다만 사용자가 AI의 특성을 정확히 이해하고 올바르게 활용하면 한계를 크게 개선할 수 있다. 한계와 해결 방식은 1:1로 대응하지 않는다. 특정 한계를 한 가지 기술만으로 해결하기 어렵고, 반대로 하나의 기술이 여러 한계를 동시에 완화하기도 한다. 따라서 한계 해결은 한 번에 끝나는 것이 아니라 원하는 결과를 얻기 위해 지속적으로 순환하는 과정이다.

AI 한계점과 해결 방법

한계점	기술적 해결 방향 (Tech Solutions)	사용자 노력 (User Solutions)
지식·사실 오류 (환각, 최신성 단절)	• 외부 지식 연동 및 검증: AI 내부 지식에만 의존하지 않고, 외부 데이터베이스나 웹과 연결	• 근거 기반 제공: 사용자가 자료나 이미지를 지정 제공
추론·논리 오류 (구조적 오류)	• 추론 엔진 강화 및 논리 최적화: 단순 패턴 매칭을 넘어, 복잡한 문제를 단계별로 풀거나 추론 능력 고도화	• 과정 분해 및 사고 유도: 추론 단계나 작업 순서를 쪼개서 지시
기억·맥락 손실 (컨텍스트 윈도우 한계)	• 컨텍스트 확장 및 장기 기억 구조화: 한 번에 처리 가능한 용량을 늘리고, 중요한 정보는 별도 저장소에 영구 저장	• 정보 구조화 및 재주입: 긴 맥락은 핵심을 요약하거나, 중요 지시를 재입력하여 강조
멀티모달 간섭·왜곡 (텍스트─이미지 간 의미 불일치)	• 모달 간 정렬 및 통합 표현: 텍스트, 이미지, 오디오 등 데이터가 정확하게 연결되도록 조율	• 모달 분리 및 교차 설명: 모달 정보가 섞이지 않도록 입력 채널을 명확히 구분하거나, 두 정보를 교차 검증하도록 유도
일관성 결여	• 제어성 향상 및 출력 안정화: 랜덤 시드나 특정 속성을 고정할 수 있는 잠금 기술 개발	• 변수 통제 및 스타일 고정: 역할이나 출력 예시를 통해 기준점을 명확히 제시
보안·프라이버시 위험 (민감정보 노출)	• 처리 환경 분리 및 자동 마스킹 ─ 온디바이스 AI: 인터넷 연결 없이 기기 자체에서 구동 ─ 전송 전 가림 처리: 민감 정보를 식별해 자동으로 가림	• 디지털 분별력 ─ 셀프 점검: 민감한 정보는 스스로 점검 ─ 디지털 분별력: 데이터의 중요도에 따라 사용법 결정

이 표는 한계에 대한 기술적인 보완 노력과 더불어 원하는 답을 얻기위해 필요한 사용자의 노력과 역량을 요약하였다. 이러한 핵심 역량은 다음 장에서 AI와 소통하는 프롬프트 기법에서 좀 더 상세하게 다룰 것이다.

지식·사실 오류

AI의 그럴듯한 거짓말인 환각이나 최신 정보를 반영하지 못하는 한계는 가장 많은 사람이 체험하는 대표적인 한계이다. 환각과 거짓말은 의도 유무로 구별된다. AI는 속이려는 의도가 없기 때문에 거짓이 아니라 환각이라 부른다. 흥미롭게도 이 환각은 독창적인 창의성을 발휘하는 긍정적 계기가 되기도 한다. 예컨대 AI가 학습 데이터에 없던 새로운 조합이나 표현을 시도하면서 예상치 못한 창작물이 탄생하기도 한다.

기술적으로는 AI 내부 지식에만 의존하지 않고 외부 데이터베이스나 웹과 연결하여 사실관계를 검증하는 RAG(검색 증강 생성: Retrieval-Augmented Generation) 기술이 도입되고 있다. 또한 도구 사용 능력을 강화해 계산, 검색, 문서 분석 등을 AI가 스스로 호출해 정확도를 높이고 있다.

검색 증강 생성

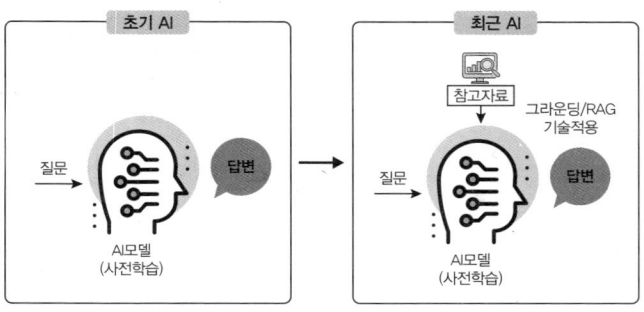

하지만 아직은 기술적인 한계가 완전히 사라지지 않았다. 사용자는 AI에게 근거가 되는 자료나 검색 경로를 직접 지정하여 제공해야 한다. 이는 AI가 불확실한 내부 데이터에서 정보를 조합하는 것을 막고, 사용자가 제공한 근거를 활용해서 답변을 생성하도록 통제하는 과정이다. 이러한 근거 기반 제공 노력은 추후 '기능 확장'과 '도구 활용'이라는 프롬프트 기법으로 구체화해 정보의 신뢰성을 확보하는 기초가 된다.

추론·논리 오류

AI가 앞뒤가 맞지 않는 엉뚱한 결론을 내리는 추론·논리 오류는 사고의 흐름이 중간에 어긋나거나 앞뒤가 맞지 않는 결론을 도출한다.

확률에서 추론으로

초기 AI	최근 AI
중간 과정 없이 '확률로 즉답'	추론과 검증으로 '단계적 해결'

이를 보완하기 위해 추론 엔진을 강화하고 논리 구조를 최적화하는 기술이 지속적으로 발전하고 있다. 예전에 문제를 '한 번에' 풀던 AI는 이제 '단계적으로 풀어가는 AI'로 진화하고 있다.

시스템과 더불어 사용자가 적극적으로 개입해야 한다. 문제를 작은 단위로 쪼개어 질문하고, 단계별로 답하도록 요청하며, 특정 역할을 부여해 사고의 범위를 좁히는 것이다. 이렇게 하면 AI의 논리적 오류를 줄일 수 있다. 추론은 AI만의 능력이 아니라 사용자와 AI가 함께 만들어가는 과정이다.

기억·맥락 손실

AI와 대화를 나누다 보면, 불과 조금 전에 이야기했던 내용을 AI가 까맣게 잊어버리거나 엉뚱한 소리를 하는 경험을 한다. 단순한 질문이나 검색에서는 문제가 없지만 긴 흐름의 작업에서 기억과 맥락의 손실은 치명적이다. 긴 글을 요약하거나 복잡한 논리를 전개하는 작업을 어렵게 한다.

AI가 한 번에 기억하고 처리할 수 있는 정보의 양을 '컨텍스트 윈도우'라고 부르는데, 컨텍스트 윈도우의 크기가 곧 AI의 단기 기억 용량이 된다. 이 용량을 넘어서는 정보가 들어오면 AI는 앞부분의 정보를 잊게 되는데, 이를 '맥락 손실'이라 한다.

현재의 거대언어모델들은 이 한계를 획기적으로 개선하고 있다. 이제 AI는 단행본 책 한 권 분량의 텍스트를 한 번에 입력받고 처리할 정도로 컨텍스트 윈도우가 확장되었다. 또한, 외부 메모리 기술을 도입하여 마치 사람이 중요한 내용을 메모장에 적어두고 필요할 때 꺼내 보듯, 대화 내용을 별도의 데이터베이스에 저장했다가 참조하는 기술도 보편화되었다.

하지만 여전히 한계는 존재한다. 입력할 수 있는 양이 늘어났다고 해서 AI가 그 모든 내용을 완벽하게 '이해'하고 있는 것은 아니다. 정보가 너무 많으면 중간에 끼어 있는 핵심 내용을 놓치는 '중간 손실' 현상이 발생하기도 하며, 긴 프로젝트를 진행할 때는 앞서 한 약속을 잊기도 한다.

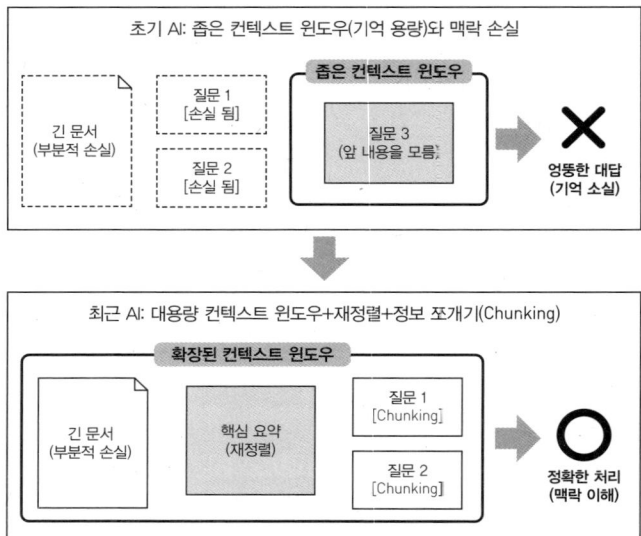

좁은 컨텍스트 윈도우에 의한 기억 및 맥락 손실

초기 AI: 좁은 컨텍스트 윈도우(기억 용량)와 맥락 손실

긴 문서
(부분적 손실)

질문 1
[손실 됨]

질문 2
[손실 됨]

좁은 컨텍스트 윈도우

질문 3
(앞 내용을 모름)

✕

엉뚱한 대답
(기억 소실)

최근 AI: 대용량 컨텍스트 윈도우+재정렬+정보 쪼개기(Chunking)

확장된 컨텍스트 윈도우

긴 문서
(부분적 손실)

핵심 요약
(재정렬)

질문 1
[Chunking]

질문 2
[Chunking]

◯

정확한 처리
(맥락 이해)

아직은 사용자가 AI의 기억력을 보조해야 한다. AI가 한 번에 소화할 수 있는 양을 파악하여 긴 문서는 단락별로 나누어 입력하거나, 이전 대화의 핵심을 요약해서 다시 상기시켜 주는 등의 기법을 활용해야 한다.

멀티모달 간섭·왜곡

이는 네이티브 멀티모달 고유의 한계이다. 멀티모달 AI는 텍스트, 이미지, 오디오 등 서로 다른 형태의 데이터를 동시에 처리하는 과정에서 서로 다른 감각 정보가 충돌하여 AI가 혼란을 겪는 현상이 발생하는데, 이를 '모달 간섭'이라 한다.

마치 음악을 들으면서 책을 읽을 때 가사 내용과 책 내용이 뒤섞여 기억이 겹쳐지는 것과 유사하다. 복잡한 분석 보고서를 그래프 이미지로 만들어 달라고 요청했을 때, 수치나 글자가 변형되거나 왜곡된 이미지를 내놓기도 한다. 이는 텍스트와 이미지라는 서로 다른 정보를 하나의 통합된 공간에서 처리하면서 생기는 구조적인 부작용이다.

모달 간섭을 줄이기 위해서는 사용자 역할이 매우 중요하

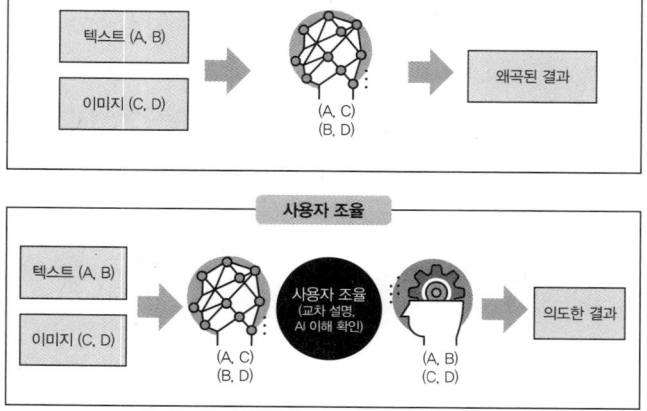

모달 간섭과 사용자 조율

다. 예들 들어, AI에게 이미지를 입력할 때 "이 이미지는 명동 거리 풍경인데, 거리 이정표 글자에 특히 주목"이라고 텍스트로 구체적인 상황을 덧붙여주는 '교차 설명'이 필요하다. 혹은 AI가 이미지를 분석한 결과를 먼저 텍스트로 받아 확인하고 다음 질문을 이어가는 방식으로 모달 간의 의미 차이를 좁혀야 한다.

일관성 결여

일관성이란 텍스트나 이미지, 영상 등이 앞뒤 맥락을 유지하며 논리적으로 모순 없이 이어지는 성질이다. 하지만 AI는 종종 일관성을 잃고 긴 글에서는 앞뒤 톤이나 결론이 바뀌고, 이미지에서는 얼굴 모습이나 표정이 장면마다 달라진다.

일관성을 유지하기 위해 기술적으로 여러 개선이 이루어지고 있다. AI는 컨텍스트 윈도우를 확장하여 기억력을 키우고 있다. 또한 스타일이나 캐릭터를 고정하는 기술과 영상 생성시 앞뒤 장면의 연결성을 안정화하는 기술도 발전하고 있다.

비약적인 기술의 발전에도 불구하고 아직 일관성을 완벽하게 유지하는 단계는 아니다. 하나의 지시문으로 긴 결과물을 한 번에 생성하면 일관성이 깨지는 경우가 종종 있다. 조

AI 일관성의 진화

과거 [불안정, 단절됨]	현재 [관리와 도구의 도입]	미래 [긴 호흡의 유지]
• 앞의 내용을 금방 잊음 • 매번 바뀌는 결과물 (사례: 컷마다 얼굴이나 옷이 제각각인 AI 웹툰)	• 기술적 보완+사용자 개입 • '스타일 고정' 도구 활용 • 단계별 생성 및 스냅샷 (사례: 캐릭터 시트 고정 후 프롬프트로 조금씩 수정)	• 긴 문맥(Context) 기억 • 텍스트-이미지-영상 의 통합 • 사용자 개입 최소화 (사례: 소설 한 권 분량의 일 관된 삽화 자동 생성)

> 기억력이 짧은 도구에서 맥락을 이해하는 공동 작업자로 진화 ▶

건을 명확히 고정하고, 단계별로 생성하며, 마음에 드는 구간은 별도로 저장해 두어야 한다. 이렇게 AI와 대화하며 작업하면 일관성을 유지할 수 있다.

보안·프라이버시 위험

마지막으로 보안과 프라이버시 위험이다. 과거의 디지털 보안은 튼튼한 성벽을 쌓아 외부의 침입을 막는 방식이었다. 반면 AI 시대의 보안은 집 안에 들어온 비서에게 어디까지 비밀을 털어놓을지 결정하는 문제다. 예전에는 해커가 시스템을 뚫고 들어와야 정보가 유출되었지만, 지금은 우리가 스스로 AI에게 민감한 정보를 건네주는 상황이다. 무심코 올린 회의록, 사진, 영상 등이 돌이킬 수 없는 보안 사고로 이어질 수 있다.

현재 이러한 한계를 해결하기 위해 여러 기술이 개발되고 있다. 데이터가 서버로 전송되기 전에 민감 정보를 자동으로 차단하는 기술, 정보 유출을 막기 위해 기술적 장벽을 높이는 방법 등이다. 또한 인터넷 연결 없이 기기 자체에서 구동되는 온디바이스(On-device) AI도 도입되고 있다.

하지만 기술이 아무리 발전해도 최종 책임은 사용자에게 있다. 민감한 내용은 스스로 걸러내고, 함부로 정보를 입력하지 말아야 한다. 상황에 따라 클라우드 AI와 로컬 AI를 구분하여 사용하는 '디지털 분별력'이 필요하다.

AI 활용 목표와 핵심 역량

AI의 한계는 단일 원인으로 발생하지 않는다. 여러 요인이 뒤엉켜 복합적으로 작용하며, 하나의 한계가 다른 한계의 원인이 되기도 한다. 따라서 기술적 개선만으로는 한계를 완전히 해결할 수 없다. 결국 결과물의 완성도를 결정하는 것은 사용자의 역량이다. 프롬프트 기법, 도메인 지식, 데이터 리터러시, 디지털 도구 활용 능력이 유기적으로 결합할 때 비로소 원하는 결과를 얻을 수 있다.

역량을 논의하기에 앞서, 가장 중요한 것은 AI 활용 목표를 명확히 정의하는 일이다. 목표와 방향이 서야 그에 필요한 역량과 수준도 정해지기 때문이다. 모든 한계를 완벽하게 해결하려 하기보다, 현실적이고 합리적인 활용 목표를 먼저 설정해야 한다. 그래야 자신에게 맞는 AI 활용이 가능하다.

AI 활용 목표

활용도는 3단계, 즉 AI 소비자, AI 관리자, AI 지휘자 수준으로 나눌 수 있다. 활용 목표가 정해지면 자연스럽게 그 목표를 달성하기 위해 필요한 역량의 수준도 함께 정해진다. 예를 들어 단순히 AI를 활용해 정보를 얻거나 결과를 소비하는 단계라면 기본적인 활용 역량이면 충분하지만, 여러 도구를 조합하거나 업무 흐름을 설계해야 하는 단계라면 보다 높은 수준의 이해와 통제 능력이 요구된다.

이 과정에서 개인의 실제 역량 수준과 현재 필요한 활용 수준 사이에는 차이가 발생하기도 한다. 어떤 사람은 AI 지휘자 수준의 역량이 필요한 업무를 수행하면서도 기초적인 소비자 수준으로 AI의 도움을 받을 수도 있고, 반대로 현재는 소비자 수준의 활용만 필요한 상황에서 전문적인 활용 역량을 갖추고 있는 경우도 있을 수 있다. 이러한 차이는 학

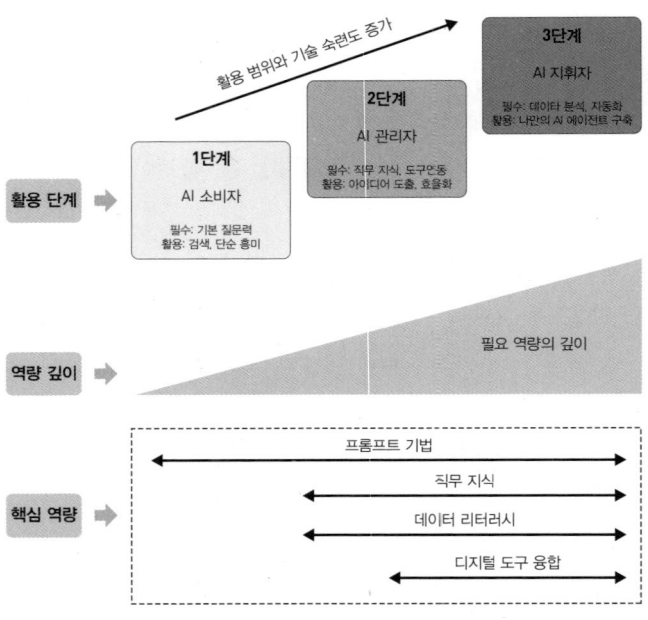

AI 활용도

활용 범위와 기술 숙련도 증가

3단계

AI 지휘자

필수: 데이타 분석, 자동화
활용: 나만의 AI 에이전트 구축

2단계

AI 관리자

필수: 직무 지식, 도구연동
활용: 아이디어 도출, 효율화

1단계

AI 소비자

필수: 기본 질문력
활용: 검색, 단순 흥미

활용 단계

역량 깊이

필요 역량의 깊이

핵심 역량

프롬프트 기법

직무 지식

데이터 리터러시

디지털 도구 융합

습의 방향이나 역량 개발 전략을 설정하는 데 중요한 기준
이 된다. 윗 그림은 활용도 수준과 핵심 역량의 관계를 보여
준다.

AI 소비자

1단계는 'AI 소비자'이다. AI를 이용해 간단한 검색을 하

거나 필요한 목록을 얻는 수준이다. 복잡한 기술보다 '원하는 답을 얻는 기초 요령'이 필요하다. 기본적인 프롬프트 기법이면 가능하다. 직무 지식이나 도구 활용 능력은 깊게 요구되지 않는다. 그러나 기본 판단력은 필요하다. AI가 틀린 내용을 제시할 수 있으므로 사실 검증은 사용자의 역할이다. 이 단계에서는 기술을 넓고 깊이 있게 다룰 필요는 없다.

AI 소비자의 특성

- AI를 기존 검색 엔진의 대체재로만 인식한다.
- 결과물을 비판 없이 수동적으로 수용한다.
- 상호작용이 아닌 단발성 질문에 그친다.
- AI 활용의 동기가 실용성보다 단순한 호기심에 기반한다.
- 텍스트 위주로 지시하여 확장성을 제한한다.

AI에게 던지는 질문은 한 문장으로 간단히 표현한다. 복잡한 배경 설정보다는 "이런 것을 찾아줘" 또는 "아름다운 이미지를 그려줘" 정도의 단순 요청이 주를 이룬다. 결과를 판단할 때는 상식 수준으로 사실을 확인한다. 즉, AI가 뻔한 거짓말을 하지 않는지 판별하는 최소한의 수준이다. 데이터 처리는 별도의 가공 없이 텍스트를 복사해서 붙여 넣는 정도다. 한 번 질문하고 답을 얻으면 끝나는 단발성 작업이다.

AI 관리자

AI 관리자 단계는 AI에게 초안 작성, 요약, 아이디어 도출 등 실무의 일부를 위임하는 수준이다. 이 단계의 핵심은 확고한 '업무 기준'이다. 단순히 질문을 던지는 것을 넘어, 역할, 상황, 조건 등을 명시한 구조화된 질문을 사용한다.

AI 관리자의 특성

- 명확한 역할과 맥락을 부여하여 업무를 지시한다.
- 자신의 직무 지식을 활용해 결과물을 검증한다.
- 반복적인 피드백을 통해 결과물을 개선한다.
- AI를 아이디어 확산의 도구로 활용한다.
- 단절된 도구가 아닌 업무 프로세스의 일부로 연동한다.

따라서 AI 산출물의 품질을 판별하는 검수 능력이 필수적이다. 결과물이 조직의 기준에 부합하는지, 실무에 즉시 적용 가능한지를 평가하고 수정해야 하기 때문이다. 또한 문서나 이미지를 AI가 분석하기 쉽도록 구조화된 데이터로 가공하여 제공하는 역량도 요구된다. 여러 도구를 연동해 사용하며, "이 부분은 수정, 저 부분은 삭제"와 같이 구체적인 지시를 통해 AI와 협업하는 것이 AI 관리자의 본질이다.

AI 지휘자

3단계 수준인 AI 지휘자는 복잡한 업무의 흐름을 순차적으로 통합 수행하도록 하는 AI 에이전트를 설계한다. 도출된 분석 결과의 통계적 유의미성이나 프로젝트 방향성 자체를 조율한다. 이 단계에서는 비정형 데이터 구조화가 핵심 역량이다. 데이터를 정제하고 노이즈를 제거하며, 분석 가능한 형태로 표와 구조를 재설계하여 AI에게 제공한다.

AI 지휘자의 특성

- 단일 과업이 아닌 업무 흐름 전체를 자동화한다.
- 데이터 리터러시를 기반으로 AI의 추론 능력을 통제한다.
- 서로 다른 디지털 도구와 AI 모델을 융합하여 시너지를 낸다.
- 시스템의 오류를 지속적으로 모니터링하고 최적화한다.
- 개인화된 '나만의 에이전트(Agent)'를 구성한다.

AI 지휘자는 AI에게 프로젝트 구조를 제시하고 역할을 나누며, 정보를 단계적으로 투입하는 방식으로 소통한다. 전문성을 바탕으로 여러 도구를 활용하여 통합적 흐름을 만든다. 데이터를 구조화하고, 오류를 걸러내고, 결과를 검증하는 능력도 필수적이다.

AI 활용도 자가 진단표

문항	체크(O,X)
단어를 나열하기보다 완성된 문장으로 AI에게 질문한다.	
아이디어가 떠오르지 않을 때 AI에게 생각의 실마리를 요청한다.	
AI가 제공한 정보를 그대로 믿지 않고 사실 여부를 확인한다.	
긴 글을 요약하거나 문서를 번역하는 도구로 AI를 활용한다.	
AI의 답변을 그대로 복사하지 않고 내 문체와 목적에 맞게 고쳐 쓴다.	
원하는 답을 얻기 위해 질문에 구체적인 배경 상황을 포함한다.	
AI에게 특정 직무나 전문가의 역할(페르소나)을 부여하여 대화한다.	
답변이 막연하면 표, 리스트, 코드 블록 등 구체적인 형식을 지정한다.	
답변이 부족하면 질문을 수정하거나 추가하여 원하는 결과를 만든다.	
텍스트 입력창에 첨부파일을 업로드하여 그 내용을 분석시킨다.	
업무에 사용하는 문서 도구내의 AI 기능을 함께 사용한다.	
보안 규정이나 개인정보 보호 원칙에 따라 입력할 정보를 선별한다.	
AI가 작성한 초안이 업계 규정이나 실무 기준에 부합하는지 판단한다.	
백지상태에서 시작하기보다 AI로 초안을 잡고 내용을 보강한다.	
복잡한 문제는 한 번에 묻지 않고 논리적 단계로 나누어 질문한다.	
정리되지 않은 자료를 AI가 이해하기 쉬운 구조로 가공하여 입력한다.	
자료 조사부터 최종 결과물 공유까지 업무 전 과정을 AI와 연동한다.	
내 전문 지식을 AI에게 설명하여 더 깊이 있는 답변을 유도한다.	
AI 결과물에 숨어 있는 논리적 모순이나 통계적 오류를 발견한다.	
반복되는 업무는 AI가 자동 실행 가능하도록 설계한다.	

활용도 셀프 평가

AI 활용도 자가진단표는 활용도를 평가하는 평가표이다. 문항을 평가하면 자신의 활용도 수준을 파악할 수 있다. 여기서 중요한 것은 활용도의 높고 낮음이 아니라 자신의 목적에 맞게 적절하게 AI를 활용하는 것이다.

항목에서 0~5개에 해당하면 AI 소비자 단계이다. 이 단계에서는 비교적 단순한 기능을 중심으로 AI를 활용하며, 주로 질문을 하거나 정보를 찾는 등 검색 엔진을 보조하는 도구로 사용하는 수준에 해당한다. 따라서 결과를 직접 만들어내기보다는 AI가 제공하는 답변이나 자료를 참고하여 활용하는 방식이 중심이 된다.

6~14개 항목이면 AI 관리자 단계이다. 이 단계에서는 AI와의 대화를 통해 보다 구체적인 지시를 내리고, 여러 번의 수정과 피드백을 통해 결과의 품질을 높인다. 즉, AI가 만든 초안을 바탕으로 내용을 정리하고 보완하여 최종 결과물을 완성하는 관리형 활용 방식이 특징이다.

15~20개 정도이면 AI 지휘자 수준이다. 이 단계에서는 단순히 AI를 사용하는 것을 넘어 AI를 지휘하여 업무의 전체 논리 구조를 설계하고 시스템화한다. 반복적인 업무 흐름을 자동화하고 여러 AI 도구를 조합하여 효율적인 작업 환

경을 구축하며, 조직 내에서 AI 활용 전략을 수립하고 확산할 수 있는 수준에 해당한다.

이제 활용도에 따라 필요한 핵심 역량과 기술을 파악하면 현재 자신의 수준을 점검하고 부족한 역량을 체계적으로 보완해 나갈 수 있다. 이를 통해 개인의 업무 방식이나 학습 방식에서도 AI를 보다 전략적으로 활용할 수 있게 된다.

AI를 잘쓰기 위한 핵심 역량

AI라는 도구는 누구에게나 공평하게 주어졌으나, 그 결과물은 결코 공평하지 않다. 똑같은 AI를 사용하더라도 누군가는 단순한 검색 결과를 얻는 데 그치고, 누군가는 업무 시간을 획기적으로 단축하며, 또 다른 누군가는 아예 새로운 비즈니스 모델을 창출한다. 이러한 격차는 어디서 비롯되는가? 앞서 살펴본 AI 소비자와 AI 관리자, 그리고 AI 지휘자로 나뉘는 3단계 활용 수준은 결국 사용자가 보유한 지식과 경험, 즉 핵심 역량의 깊이에 따라 결정된다. 아무리 높은 수준으로 AI를 활용하고 싶어도 역량이 뒷받침되지 않으면 만족스런 결과를 얻을 수 없다.

AI활용에 필요한 핵심 역량을 네 가지로 정의한다. AI와 소통하는 언어인 '프롬프트 기법', AI의 결과물을 검증하고

AI 활용 핵심 역량

핵심역량	정의	AI 소비자	AI 관리자	AI 지휘자
프롬프트 기법	AI가 의도를 명확히 이해하고 최적의 결과를 생성하도록 지시어를 설계하는 기술	**[기초]** – 단순 정보 검색 – 단문 질문으로 목록 생성	**[중급]** – 배경을 포함한 구체적 지시 – 결과물 형식 지정	**[고급]** – 복잡한 논리 구조 설계 – 에이전트 역할 설계
도메인 지식	특정 산업이나 직무 분야에 대해 보유한 전문적인 지식과 경험	**[선택]** – 일반 상식 수준 – 필수적이지 않음	**[필수]** – AI 결과물의 오류 검증 – 업무 적용을 위한 핵심 기준	**[심화]** – AI 에이전트 튜닝 – 특화된 구성이 가능한 원천 지식
데이터 리터러시	목적에 맞는 데이터를 수집, 분석하고 그 의미를 해석하여 문제 해결에 활용하는 능력	**[미미]** – 제공된 정보를 수동적으로 소비	**[기본]** – AI에게 지시할 기초 자료 정리	**[필수]** – 대규모 데이터 패턴 분석 – AI 학습/참조용 구조화 데이터 가공
디지털 도구 융합	AI 기술을 다양한 디지털 도구와 연결하여 확장하는 능력	**[없음]** – 단일 채팅창 내에서 활동	**[기초]** – 문서 작성 도구 등 단순 연동	**[필수]** – 워크플로우 툴과 연계 가능 – 나만의 에이전트 시스템 구축

가치를 부여하는 '도메인 지식', 재료가 되는 정보를 다루는 '데이터 리터러시', 그리고 이 모든 것을 시스템으로 연결하는 '디지털 도구 융합' 능력이다. 이 네 가지 역량은 독립적이지 않으며, 단계가 올라갈수록 각 요소가 서로 유기적으로 결합하며 시너지를 낸다. 네 가지 역량을 따로따로 이해하기보다는, AI가 취약한 부분을 사용자가 어떻게 보완하는지

하나의 흐름으로 보면 더 쉽게 다가갈 수 있다.

각 역량이 AI 소비자와 AI 관리자, AI 지휘자 단계에서 어떻게 발현되고 심화하는지 구체적으로 살펴보겠다.

프롬프트 기법: 기계와 소통하는 새로운 문법

프롬프트 기법은 AI 활용의 출발점이자 가장 기초적인 역량이다. 이는 단순히 명령어를 입력하는 수준 이상으로, AI가 사용자의 의도를 정확히 파악하고 최적의 결과를 내놓도록 유도하는 '설계' 능력에 가깝다.

1단계인 AI 소비자에게 프롬프트는 단순한 질문이다. 검색창에 키워드를 넣듯, 궁금한 내용을 단문으로 물어보는 수준이다. 이때 AI는 방대한 학습 데이터에서 가장 확률 높은 답변을 내놓지만, 질문이 모호하면 답변 또한 일반론에 그친다. AI 소비자는 AI의 답변이 자신의 의도와 다를 때 구체적으로 수정 요청을 하기보다 흥미를 잃거나 사용을 중단하는 경향을 보인다.

2단계 AI 관리자로 발전하면 프롬프트는 '업무 지시서'가 된다. AI 관리자는 AI에게 명확한 역할을 부여하고, 수행해야 할 과업의 배경과 맥락을 설명한다. 또한 결과물의 형식을 구체적으로 지정한다. 이 단계에서는 한 번의 요청과 답변으로 끝내지 않는다. 결과물이 만족스럽지 않으면 조건을 변경하거나 추가 정보를 제공하며 원하는 답이 나올 때까지 AI와 대화를 이어간다.

3단계 AI 지휘자에게 프롬프트는 '프로그래밍'과 같다. AI 지휘자는 복잡한 논리 구조를 설계하여 AI가 단계적으로 추론하도록 유도한다. 예를 들어, 단순히 "마케팅 문구를 써 줘"라고 하는 대신, "먼저 목표 고객의 고충을 분석하고, 여기에 우리 제품이 제안하는 해결책을 연결한 후, 마지막으로 이를 바탕으로 감성적인 소구점을 포함한 3가지 핵심 문구를 제시하라"고 지시한다. 더 나아가 AI 지휘자는 자주 사용하는 프롬프트를 템플릿화하고, 이를 자동화 시스템에 이식하여 프롬프트 자체를 시스템의 일부로 만든다. 프롬프트 기법과 디지털 도구 융합은 '나만의 AI 에이전트'를 설계하는 데 핵심 기술이다.

도메인 지식: 환각을 거르고 가치를 더하는 필터

많은 이들이 AI가 전문가를 대체할 것이라 우려하고 있다. 이미 판례 검색, 회계 기준 데이터와 회계 전산 데이터 대사, 요구사항이 분명한 코드 개발 등 전문가의 영역으로 알려진 일부 업무는 AI가 더 잘하고 있어 점점 AI로 대체되고 있는 것도 현실이다. 하지만 역설적으로 AI 기술이 고도화할수록 인간의 '도메인 지식'은 더욱 중요해진다. 도메인 지식이란 특정 산업이나 직무에 대해 개인이 보유한 전문 지식과 경험을 의미한다. 이는 AI가 생성한 결과물의 진위를 판별하고, 실무에 적용 가능한 수준으로 다듬는 기준점이 된다.

AI 소비자 단계에서는 도메인 지식이 필수적이지 않다. 맛집 정보나 여행 일정, 단순 상식 등은 전문 지식 없이도 충분히 소비할 수 있다. AI가 내놓은 정보가 다소 부정확하더라도 큰 위험이 없기 때문이다.

그러나 AI 관리자 단계부터는 도메인 지식이 없으면 AI를 제대로 관리할 수 없다. 해당 분야를 잘 모르는 비전문가는 AI가 써준 보고서가 사실인지, 논리적으로 타당한지 검증할 방법이 없다. AI 관리자는 자신의 전문성을 바탕으로 AI의 초안을 비판적으로 검토하고 수정한다. AI가 초안을 만들면 핵심 가치를 채워 완성하는 것은 결국 인간의 도메인 지식이다.

AI 지휘자 단계에서 도메인 지식은 '나만의 AI'를 만드는 원천 데이터가 된다. AI 지휘자는 자신의 노하우와 업계의 특수성을 데이터화하여 AI에게 학습시키거나 참고 자료로 제공한다. 일반적인 AI 모델은 알 수 없는 사내 규정, 업계 관행, 특수한 규칙 등을 반영하여 범용 AI가 아닌 특화된 에

이전트를 구축한다. 즉, 도메인 지식은 AI라는 강력한 엔진을 올바른 방향으로 이끄는 핸들이자 내비게이션이다.

데이터 리터러시: AI를 학습시키는 연료

AI는 어떤 데이터를 어떻게 활용하느냐가 결과물의 품질을 좌우한다. 데이터 리터러시는 목적에 맞는 데이터를 수집하고 선별하여, AI가 이해할 수 있는 형태로 가공하고 해석하는 능력을 말한다.

AI 소비자 단계에서 데이터 리터러시는 크게 중요하지 않다. 사용자는 AI가 제공하는 정보를 수동적으로 읽고 받아들이는 데 그친다. 입력하는 데이터의 수준은 짧은 문장 몇 줄이다.

AI 관리자 단계에서는 데이터의 중요성을 인지하기 시작한다. 회의록 요약을 시키려면 녹취 데이터가 필요하고, 매출 분석을 시키려면 수치 데이터가 필요함을 안다. AI 관리자는 AI에게 입력할 기초 자료를 정리하고, AI가 만들어낸 결과에서 유의미한 패턴을 읽어내 업무에 반영한다. 즉, 데이터를 입력과 출력의 관점에서 활용하기 시작한다.

AI 지휘자 단계의 데이터 리터러시는 고도 수준의 역량이 필요하다. AI 지휘자는 비정형 데이터(텍스트, 이미지 등)를 구조화하여 AI가 처리하기 쉬운 형태로 가공한다. 단순히 파일을 업로드하는 것을 넘어, 대규모 데이터를 처리하기 위해 어떤 방식의 전처리가 필요한지 이해해 준비한다. 또한 보안이 중요한 데이터와 공개 가능한 데이터를 구분하여 관리하며, 데이터 프라이버시 이슈까지 고려하여 시스템을 설계한다. 이들에게 데이터는 단순한 참고 자료가 아니라 AI의 성능을 결정짓는 핵심 자산이다.

디지털 도구 융합: 채팅창을 넘어선 확장

마지막 역량은 디지털 도구 융합이다. 이는 AI를 단독으로 사용하지 않고, 다양한 소프트웨어 및 플랫폼과 연결하여 업무 프로세스 자체를 혁신하는 능력이다. AI의 효용성을 획기적으로 확장하는 결정적인 단계이기도 하다.

AI 소비자 단계의 AI 활용은 채팅창 안에서만 이루어진다. 질문하고 답변을 받는 행위가 채팅창에 갇혀 있다. 이 단계에서는 AI는 검색 도구보다 강력한 챗봇일 뿐이다.

AI 관리자 단계는 기존 업무 도구와의 연동을 시도한다. 워드 프로세서나 스프레드시트 내에 탑재된 AI 기능을 활용하거나, AI가 작성한 내용을 이메일이나 메신저로 옮겨 활용한다. 여전히 복사하고 붙여넣는 과정이 개입되지만, AI를 기존 업무 환경의 일부로 끌어들였다는 점에서 진일보한 형태다.

AI 지휘자는 도구와 도구를 파이프라인처럼 연결하여 워크플로우를 구축한다. 개별 도구의 사용법을 익히는 것을 넘어, 도구 간의 연결 고리를 설계하여 자신만의 자동화 시스템을 창조한다.

맺음말: AI 어디까지 적응할 것인가?

핵심 역량을 생각할 때 우리는 두 가지 측면을 고려할 필요가 있다. 먼저 나에게 필요한 역량은 얼마만큼인가 하는 것이다. 이것은 내가 설정하는 활용 목표에 달려 있다. 모든 사람이 고급 단계 수준까지 활용 역량을 높여야 하는 것은 아니다. 각자의 목적에 따라 필요한 깊이가 다르기 때문이다. 단순 요약 작업만 한다면 프롬프트만 잘 다뤄도 되고, 분석과 자동화를 함께 해야 한다면 자연스럽게 다른 역량도 요구된다. AI 핵심 역량은 '추가 학습'이라기보다는 '단계별 점진적 정밀화' 과정이다.

다른 측면은 AI 시대에 어떻게 적응할 것인지에 대한 고민이다. AI는 인간을 대체하는 것이 아니라, AI를 잘 다루는 인간이 그렇지 못한 인간을 대체한다고 한다. 이제 우리는 선택해야 한다. AI가 주는 답을 수동적으로 받아들이는 방관자로 남을 것인가, 아니면 내 업무의 전문성과 AI의 기술을 결합하여 주도적으로 성과를 창출하는 AI 관리자, 나아가 시스템을 설계하는 AI 지휘자로 거듭날 것인가.

이들 역량은 서로 연결되어 있다. 도메인 지식이 부족하면 프롬프트만으로는 완전한 해결이 어렵고, 데이터가 정리되지 않으면 아무리 잘 묻고 잘 판단해도 결과가 틀어진다. 결국 AI의 품질을 결정하는 것은 기술이 아니라 사람이 만들어내는 질서이다. AI는 혼자서 정확해지지 않는다. 사용자가 기준을 제공하는 순간부터 비로소 정확해진다.

네 가지 역량의 중심은 프롬프트 기법이다. 사용자의 역량을 종합하여 AI에게 전달하는 최종 소통 창구가 프롬프트이기 때문이다. 4장에서는 프롬프트 기법을 상세하게 다룬다.

마케팅 기획서 사례

마케팅 기획서를 작성하는 사례를 통해 활용도 수준과 핵심역량의 관계를 이해할 수 있다.

가장 기초적인 'AI 소비자' 단계 사용자는 "신제품 마케팅 아이디어를 알려줘"와 같은 단문형 질문을 던진다. 이에 대해 AI는 일반적인 아이디어 리스트를 나열하거나 요약된 정보를 제공한다. 이때 AI 사용자에게 필요한 역량은 기본적인 질문 능력과 상식 수준에서 AI의 답변이 사실인지 확인하는 정도다. 텍스트를 복사하고 붙여넣는 기초적인 데이터 리터러시만 있으면 충분하며, 별도의 외부 도구를 융합하려

AI 활용도와 역량 수준 예시

활용도 수준	AI 활용	결과물	요구되는 역량 수준
1단계 (AI 소비자)	단순 검색	• 아이디어 리스트 • 단순 요약 • 정보 검색	① 프롬프트: 기본 질문력 ② 도메인 지식: 상식 수준 사실 확인 ③ 데이터 리터러시: 텍스트 복사/붙여넣기 ④ 도구 융합: 없음
2단계 (AI 관리자)	효율화 및 초안 도출	• 보고서 기획 • 보고서 초안	① 프롬프트: 구조화된 질문(역할/상황/ 조건) ② 도메인 지식: 가이드라인 준수 여부 검증 ③ 데이터 리터러시: 분석용 데이터 선별 ④ 도구 융합: 파일(문서도구, 엑셀 등) 연동
3단계 (AI 지휘자)	데이터 분석 및 보고서 작성 자동화	• 마케팅 전략 보고서 • 나의 AI 에이전트 – 지속 가능한 보고 서 작성 시스템	① 프롬프트: 전체 논리 구조 설계 ② 도메인 지식: 데이터 및 통계적 유의 미성 판단 ③ 데이터 리터러시: 데이터 정제 및 구 조화 ④ 도구 융합: 분석–생성–공유의 자동화 흐름 구축

는 시도는 없다.

'AI 관리자' 단계가 되면 AI를 조직의 팀원이나 조수처럼 이용하여 업무의 효율화를 꾀하고 문서의 초안을 도출하게 된다. AI 관리자 단계의 사용자는 엑셀 파일이나 내부 문서를 AI에 연동시킨 후, "첨부한 지난 분기 실적 데이터를 바탕으로 신제품 마케팅 기획서의 목차와 초안을 작성해 줘"라고 요구한다. 결과물로 구체적인 보고서 기획안이나 초안이 도출된다. 이 과정에서 AI 관리자는 AI가 작성한 내용이 가

이드 라인을 준수했는지 검증해야 하므로, 해당 직무에 대한 전문적인 도메인 지식이 필수적으로 요구된다.

AI를 지휘하는 수준에 이르면 AI는 단순한 보조 도구가 아니다. 전체 프로젝트의 논리 구조에 맞게 자동화 흐름을 설계하고 적합한 AI 에이전트를 실행하는 주체이다. AI 지휘자 단계의 사용자는 시장 데이터를 정제하여 AI에 입력하고, 통계적 유의미성을 판단하게 한 뒤, 이를 바탕으로 완성된 마케팅 전략 보고서를 출력하도록 시스템을 짠다. 이는 일회성 작업이 아니라 지속 가능한 보고서 작성 에이전트를 구축하는 과정이다. 따라서 고도의 데이터 정제 능력과 구조화 능력, 그리고 디지털 도구를 융합하는 역량이 요구된다.

4. 프롬프트 기법

AI를 활용하는데 필요한 핵심 역량은 프롬프트 기법, 도메인 지식, 데이터 리터러시, 디지털 도구 활용이다. 이중에서 가장 중요한 텍스트형 프롬프트를 중심으로 다양한 프롬프트 기법[6]을 소개한다.

대부분의 사람은 프롬프트를 떠올릴 때 챗GPT와 같은 텍스트 입력창을 먼저 생각한다. 그 이유는 초기에는 생성형 AI가 텍스트 모델 중심으로 발전하면서, 대중에게 프롬프트

---

6 AI가 프롬프트 기법을 내부적으로 스스로 적용하는 경우가 늘고 있다. 사용자는 이러한 기술적 한계를 보완하는 역할을 한다.

4장. 프롬프트 기법

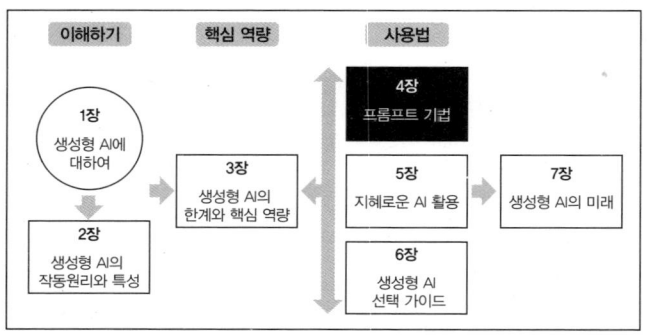

는 곧 '텍스트 지시문'이라는 인식이 강하게 자리 잡았다. 그러나 프롬프트는 AI로부터 결과를 얻기 위해 대화하는 모든 창구를 의미한다.

프롬프트라는 개념은 모든 AI에 공통이지만 가장 발전되고 안정적인 분야는 텍스트이다. 결과의 예측 가능성도 높은 편이다. 텍스트로 하는 대화는 논리적인 글쓰기와 비슷해 지시를 명확하게 전달하고 맥락을 잘 유지하는 것이 중요하다. 필요한 요소를 세밀하게 지정하고 자연스러운 논리 흐름과 함께 앞뒤 맥락이 이어져야 좋은 결과가 나온다.

반면 이미지와 영상 생성 AI는 텍스트 모델과는 다른 접근이 필요하다. 프롬프트 민감도가 훨씬 높다. 텍스트처럼

프롬프트 영향도

구분	텍스트	이미지	영상
프롬프트 영향력	안정적	민감	매우 민감
제어 기법 중요도	낮음	높음	매우 높음
사용자 제어 범위	넓음	제한적	더 제한적
결과 예측 가능성	높음	중간	낮음
서비스별 차이	작음	큼	매우 큼
결과물의 일관성	높음	중간	낮음

긴 맥락보다는 핵심 키워드나 스타일을 지칭하는 단어의 조합이 더 중요하다. 예를 들어 "아름다운 풍경 그려줘"라고 하는 것보다 "석양, 산, 강, 인상파 화풍"처럼 요소를 나열하는 것이 더 효과적이다. 원하는 결과를 한 번에 얻기가 쉽지 않아 다양한 제어 파라미터를 변경해 가며 반복적으로 수정하는 '프롬프트 실험'이 필수적이다.

텍스트가 '원하는 결과를 설명하는 능력'이 중심이라면, 이미지와 영상은 '제어 기법 숙련도와 서비스 특성 이해'가 중심이다. 텍스트에서 이미지, 영상으로 갈수록 프롬프트 민감도가 높아지고, 예측 가능성은 낮아지며, 특정 서비스 의존도가 커진다.

현재는 텍스트나 이미지 등 각 영역에 맞는 기법을 따로 익혀야 한다. 앞으로는 AI가 사용자의 복합적인 의도를 파악하여 스스로 최적의 결과물을 내놓는 방향으로 발전할 것이다. 하지만 그 단계에 이르기 전까지는 각 서비스 도구의 특성을 이해하고 그에 맞는 기법을 구사하는 것이 필수 역량이다. 이 책에서는 실제 활용 수요가 가장 높고 기법 자체가 풍부한 멀티모달 텍스트 생성 프롬프트를 중점적으로 설명한다.

멀티모달 텍스트형

프롬프트는 AI가 어떻게 일을 할지를 지시하는 명령어다. 프롬프트는 AI의 한계를 보완하는 핵심 기술이다. 사람에게 일을 시킬 때 지시를 정확히 전달하고 수행자가 이해를 잘한 경우 결과가 좋아지듯 AI도 명확한 조건과 맥락을 어떻게 전달하느냐에 따라 결과가 달라진다. 프롬프트는 목적과 방향을 지정해 결과의 품질을 높이고 사고 과정을 단계적으로 유도해 논리적 깊이를 만든다. 이런 기능이 모이면 AI가 단일 작업을 넘어서 기획과 실행을 나누는 에이전트 수준으로 발전한다. 사용자는 '일 잘 시키는 상사'처럼 AI가 최선의 결과를 내도록 환경을 제공하는 사람이 된다. 3장에서 설명한 활용도 3단계(AI 소비자-AI 관리자-AI 지휘자)에 따라 구사하는 기법의 폭과 깊이도 달라진다.

사용자가 특별한 목표와 방향을 지정하지 않으면 AI는 가장 일반적인 내용을 추천한다. 아래 예시를 통해 프롬프트에 따라 답변이 어떻게 달라지는지 이해할 수 있다. 우리가 원하는 답변을 얻기 위해 어떤 프롬프트를 사용하는 것이 바람직한지를 함께 살펴보자.

[프롬프트]
4인 가족 제주도 여행 코스 짜줘. 2박 3일이야.

💡 **AI 답변**

제주도 2박 3일 여행 코스를 추천해 드립니다. 1일 차는 제주 공항에 도착하여 용두암을 구경하고 애월 해안 도로를 드라이브하세요. 저녁에는 흑돼지를 추천합니다. 2일 차는 성산 일출봉에 올라가 경치를 감상하고 섭지코지를 방문하세요. 점심은 갈치조림이 좋습니다. 3일 차는 중문 관광 단지에서 박물관을 관람하고 공항으로 이동하여 면세점을 이용하세요. 즐거운 여행 되세요.

AI와 제대로 소통하기 위해서는 단순히 명령어를 입력하는 차원을 넘어, AI의 생각과 행동을 체계적으로 설계하는 기술이 필요하다. 5단계 프레임워크는 AI를 다루는 기술이 기초적인 지시에서 시작해 자율적인 프로젝트 관리까지 어떻게 역할을 키워가는지 보여주는 로드맵이다.

가장 먼저 1단계 '방향 설정'과 2단계 '사고 강화'는 AI와의 대화를 시작하는 기초 체력을 기르는 과정이다. AI에게 구체적인 역할을 지정하거나 구체적인 예시를 보여주어 모호하고 엉뚱한 답변을 막고 원하는 방향으로 대화를 이끄는 나침반 역할이다.

나아가 단계별로 생각하도록 가이드하여 논리적인 추론 과정을 거치게 함으로써 AI가 깊이 있는 답변을 만들도록 지침을 내리는 것이다.

이어지는 3단계 '정보 관리'와 4단계 '기능 확장'은 AI가 가진 태생적 한계를 극복하는 단계이다. AI는 한 번에 기억할 수 있는 용량에 한계가 있고, 학습 시점 이후의 최신 정보는 모른다는 단점이 있다. 이를 해결하기 위해 방대한 정보를 잘게 쪼개어 핵심만 주입하거나, 인터넷 검색(RAG)과 계산기 같은 외부 도구(ReAct)를 이용하도록 안내하여 AI의 기억력과 능력을 확장한다.

마지막 5단계 '종합 지휘'는 이 모든 기술의 정점이다. AI가 스스로 기획하고 실행하며 결과물을 검수까지 수행하는 AI 지휘자의 역할을 한다.

5단계 프레임워크

분류	핵심 목표	프롬프트 기법	해결하는 문제
1. 방향 설정	"어떻게 답할지 정의한다" AI의 답변 스타일과 형식을 지정	① 페르소나 부여 ② 구체적 제약 조건 ③ 예시 제공 ④ 출력 형식 지정 ⑤ 긍정 지시문	모호성, 평범한 답변(확률적 예측의 한계)
2. 사고 강화	"생각하는 법을 가르친다" 논리적 오류를 줄이고 깊이를 더함	⑥ 단계별 사고(CoT) ⑦ 자기 성찰 ⑧ 가지형 탐색(ToT)	추론·논리 오류(사고 흐름의 비틀림)
3. 정보 관리	"입력 정보를 정리한다" 기억력 한계와 입력 혼선을 방지	⑨ 지식 주입 ⑩ 맥락 청킹(Chunking) ⑪ 맥락 재정렬 ⑫ 교차 설명	맥락 손실, 모달 간섭(컨텍스트 윈도우 한계)
4. 기능 확장	"외부 능력을 연결한다" AI 모델 밖의 데이터와 도구를 활용	⑬ RAG 활용 ⑭ 도구 활용	사실 오류(환각), 연산 능력 부족(지식 단절)
5. 종합 지휘	"AI가 스스로 일을 나누고 관리한다" 단일 답변이 아닌 전체 프로젝트 관리	⑮ 오케스트레이터 지정	AI가 기획, 실행, 검수 역할을 단계적으로 수행하여 과제 완결

방향설정(Direction)

방향 설정은 AI와의 대화를 시작하는 첫 단추로 대화의 목표와 규칙을 정하는 설계도이다. 답변의 스타일, 형식, 분량, 그리고 역할을 명확히 규정하여 AI가 의도에 맞는 결과를 만들게 한다.

① 페르소나[7] 부여(Persona)

페르소나 부여는 프롬프트 엔지니어링에서 가장 기초적이면서도 강력한 '역할 놀이' 기법이다. 역할을 지정하면 AI는 해당 역할이 가진 전문 지식과 관점, 어투, 사고방식 등을 적용하여 사용자의 의도에 부합하는 구체적이고 깊이 있는 결과물을 산출한다. 예를 들어 AI에게 역할을 '베테랑 현지인 여행 가이드'라고 설정하면, 단순히 관광지를 나열하는 것이 아니라 현지인만 아는 여행지나 경험이 없으면 알 수 없는 변수까지 고려하여 추론한다.

프롬프트

너는 제주도에서 나고 자란 30년 경력의 로컬 여행 가이드야. 이번 고객은 70대 부모님과 초등학생 자녀가 포함된 4인 가족이야. 무리하게 걷지 않으면서도 제주의 감성을 느낄 수 있는 힐링 코스로 2박 3일 일정을 제안해 줘.

---

② 구체적인 제약 조건(Specific Constraints)

구체적 제약 조건은 AI에게 무엇을 포함해야 하는지 무엇을 하지 말아야 하는지 알려주는 지침이다. 그리고 답변의 어투나 분위기, 길이, 형식 등을 제한할 수도 있다.

---

7 AI가 대화할 때 취하는 특정한 역할이나 성격을 뜻한다. 고대 그리스·로마 연극에서 배우들이 쓰던 '가면'에서 유래한 용어이다.

4인 가족(60대 부모님, 20대 자녀)의 제주 여행 일정을 계획해 줘. 부모님 체력을 고려해 하루 3곳 이상 방문하지 말고, 걷기 힘든 오름이나 등산 코스는 반드시 제외해. 숙소는 서귀포 중문 롯데호텔이야.

답변은 [시간 | 장소 | 추천 메뉴/활동 | 이동 시간] 항목을 가진 표(Table) 형식으로 작성해.

③ 예시 제공(Few-Shot)

질문에 '이런 식으로 답해라'라며 원하는 답변 항목과 형식을 보여주는 기법이다. 답변의 어조나 구조 등을 통제할 수도 있다. 특히 복잡한 데이터 정리나 특정한 형식이 필요할 때 유용하다.

6인 가족(70대 조부모님, 10대 손녀, 손자 포함)의 제주 여행 계획을 세우려 한다. 아래 [예시]의 형식을 참고하여 첫날 일정을 작성.

[예시]

- 시간: 10:00
- 장소: 아르떼뮤지엄
- 선정 이유: 실내여서 날씨 영향을 받지 않고, 화려한 미디어 아트로 아이들과 어르신 모두 시각적 만족도가 높음.
- 가족 팁: 내부는 어두우니 조부모님 이동 시 부축 필수.

④ 출력 형식 지정

답변이 담길 틀을 구체적으로 지정하는 방법이다. 예를 들어 셀 표 형식 또는 파워트인트 문서 등 필요한 형식으로 정리해 달라고 지정한다. 별도로 지정하지 않으면 사용자가 답변을 다시 분류하여 표나 문서로 재가공해야 한다.

> **프롬프트**
>
> 4인 가족의 2박 3일 제주도 여행 일정을 기획해 줘. 답변은 한눈에 볼 수 있도록 아래 형식의 엑셀 표로 만들어줘.
>
> [일자 | 시간 | 장소 | 활동 내용 | 예상 비용 | 비고]

⑤ 긍정 지시문(Positive Instructions)

단순히 부정적 제약을 주는 것보다 구체적인 행동을 요구하여 AI가 답변을 생성할 때 모호함을 줄이고 사용자의 의도에 집중하게 만든다. 부정적 지시는 단순히 선택지를 좁히지만, 긍정문은 원하는 의도에 따라 구체적인 대안을 제시해 준다.

예를 들어 "비싼 식당은 제외해"라고만 지시하면, 맛이나 분위기는 고려하지 않고 단순히 가격만 저렴한 식당을 나열할 위험이 있다. 반면 "현지인이 즐겨 찾는 가성비 좋은 식당을"이라고 긍정적으로 지시하면, 가격 경쟁력과 맛이라는 두 가지 가치를 충족하는 정보를 제공한다.

이번에 4인 가족이 제주도 여행을 간다. 1인당 2만 원 내외로 즐길 수 있는 도민들이 찾는 가성비 맛집을 추천해 줘. 가족끼리 오붓하게 사진 찍기 좋은 한적한 오름이나 숲길을 알려 줘. 아이들과 부모가 함께 감귤 따기 체험이 가능한 농장을 포함하면 좋겠음.

사고 강화(Reasoning)

AI는 본질적으로 간단한 질문에는 능숙하지만, 복잡한 추론이 필요한 문제 앞에서는 종종 논리적 비약을 저지르거나 엉뚱한 결론을 도출한다. '사고 강화'는 답을 도출하는 올바른 '과정'을 유도하는 기법이다. 문제를 단계적으로 쪼개 생각하고(CoT, Chain of Thought), 스스로 오류를 점검하며(Reflection), 다양한 대안을 비교(ToT, Tree of Thoughts)하게 만든다.

⑥ 단계별 사고(CoT : Chain of Thought)

CoT는 AI에게 한 번에 최종 결론을 요구하는 대신, 문제를 논리적인 중간 단계로 잘게 쪼개어 순서대로 풀어나가도록 하는 기법이다. AI는 복잡한 추론이 필요한 질문에 대해 사고의 연결고리를 생성하며 답을 찾아간다. 각 단계별로 사용자에게 적정성을 검증받고 다음 단계를 진행하도록 구성할 수도 있다.

⑦ 자기 성찰(Reflection)

AI가 스스로 자신의 답변을 검토하고 수정하는 과정을 거치게 하는 기법이다. 인간의 '메타 인지(Meta-cognition, 자신의 생각을 인식하고 점검하여 스스로 판단하는 힘)'를 AI에게 적용하도록 하는 방법이다. AI의 한계를 스스로 보완하도록 해준다.

⑧ 가지형 탐색(ToT: Tree of Thoughts)

AI가 답을 확정하기 전에 여러 가지 가능성을 동시에 고려하며 최적의 경로를 찾게 하는 방식이다. AI에게 나무의 가지처럼 다양한 해결책을 검토하게 만드는 추론 기법으로 장단점을 비교하는 것과 유사하다.

정보관리(Context)

AI가 사전에 학습하지 못한 최신 정보나 개인적인 데이터를 사용자가 직접 제공하고, 정보를 재구성하여 AI가 맥락을 놓치지 않게 해주는 것이다.

⑨ 지식 주입(Injection)

AI는 학습 시점 이후의 최신 정보나 사용자의 사적인 정보는 알지 못한다. 필요한 추가 정보를 사용자가 직접 프롬프트에 넣는 기법이다. 최신 정보가 꼭 필요한 콘텐츠 생성에서는 필수적이다. 이를 통하여 환각과 같은 엉뚱한 정보 생성 가능성을 줄이고 답변의 정확성을 높인다. 입력해야 하는 정보가 많으면 다음에 설명되는 RAG 기법을 이용하기도 한다.

> **프롬프트**
>
> 아래의 가족 정보를 바탕으로 동선이 짧고 걷기 편한 2박 3일 제주 여행 코스를 제안.
>
> **[여행 정보]**
> - 구성원: 40대 부부, 70대 할머니, 10세 아들(총 4명)
> - 건강 상태: 할머니는 무릎이 안 좋아 계단이나 오르막길은 불가능함. 휠체어 대여가 가능한 곳 선호.
> - 식성: 아들은 회를 못 먹음. 할머니는 한식을 선호함.
> - 숙소 위치: 서귀포 중문 관광단지 근처.
> - 이동 수단: 렌터카 승합차 이용

⑩ 맥락 청킹(Chunking)

맥락 청킹은 방대한 정보를 AI가 이해하기 쉬운 작은 덩어리(Chunk)로 나누어 구조화는 방법이다. 프롬프트를 긴 문장으로 늘어 쓰는 대신에 항목을 나누어 알려주면 AI는 정보의 우선순위와 논리적 연관성을 파악하여 답변하게 된다.

> **프롬프트**
>
> **[여행 개요]**
> - 대상: 4인 가족, 2박 3일
> - 숙소: 서귀포 시내(2일 연박)
> - 활동: 아이들 체력 고려, 1시간 이상 걷는 오름/등산 제외
> - 식사: 가성비 좋은 현지인 맛집 위주(1인 15,000원 내외)
>
> **[요청 결과물]**
> 일자별 오전/오후/저녁 동선을 장소와 추천사유, 가격, 주차정보를 표 형식으로 만들어줘.

⑪ 맥락 재정렬

지시문의 배치 순서는 답변의 품질을 좌우하는 핵심 요소이다. AI는 긴 지시문의 중간에 있는 정보는 잃어버리는 '중간 소실(Lost in the Middle)' 현상이 생기는 경우가 있다. 그리고 프롬프트의 시작과 끝부분에 있는 정보에 더 높은 가중치를 두는 '위치 편향(Positional Bias)' 경향도 있다. AI가 명령을 끝까지 기억하고 실행하게 하려면, 프롬프트의 상단이나 하단에 두어야 한다. 결정적인 조건은 다시 한번 정리하여 프롬프트의 가장 마지막 줄에 배치하는 것도 효과적이다.

프롬프트

제주도 3박 4일 여행 일정을 작성해주세요.

- 여행 인원은 성인 2명이고, 렌터카를 이용할 예정. 숙소는 제주시 중심가, 여행 날짜는 5월 초.
- 일정에 포함해야 할 요소들:
  제주의 유명 관광지 방문, 현지 맛집, 이동 가능한 동선 구성
- 일정 형식은 다음과 같이 표로 작성:
  – 날짜별로 오전/오후/저녁으로 구분 / 이동 예상 시간
  ※중요: 하루에 너무 많은 장소를 넣지 말고, 여유로운 일정으로 작성. 각 날짜마다 주요 관광지는 2–3곳으로 제한, 이동 시간을 충분히 확보.

⑫ 교차 설명(멀티모달)

네이티브 멀티모달은 텍스트, 이미지, 영상 같은 서로 다른 모달을 동시에 처리한다. 여기서 특정 모달의 정보가 다른 모달의 해석을 덮는 '모달 간섭' 현상이 생긴다. 이를 완화하기 위해 이미지 속 특정 부분을 배제하거나 집중하도록 지시하는 교차 설명을 한다.

아래처럼 AI가 실제 카페 공간이 아닌, 벽에 걸린 '액자 속 이미지(혼잡한 해변)'의 시각 정보에 간섭받았다. 텍스트로 질문한 '카페의 분위기'를 파악하지 못하고 정보 왜곡이 발생하였다.

프롬프트

여기 제주도 카페 사진이야. 우리 가족이 조용하게 커피 마시면서 쉴 수 있는 차분한 분위기인지 확인해 줘.

[AI 답변]

사진을 보니 이곳은 조용히 쉬기에는 적합하지 않아 보입니다. 해변에 수많은 사람이 밀집해 있어 매우 소란스럽고 혼잡한 분위기가 느껴집니다.

분위기 파악에 '벽 그림'을 배제하도록 하여 특정 시각 정보의 간섭을 회피하고 카페 분위기를 정확히 파악하게 한다.

이 사진은 우리가 방문하려는 제주 카페이다. 이미지에 있는 '벽에 걸린 그림' 보다는 '실제 카페 공간'을 판단하여 카페 분위기를 설명해 줘.

기능 확장(Expansion)

기능 확장은 AI에게 최신 정보를 파일로 넣어주거나 탐색하도록 하고 외부 도구를 연결하여 추론을 강화하도록 지시하는 것이다. AI는 용량이 큰 정보도 분석하여 요약하거나 환각 현상을 크게 줄일 수 있게 된다.

⑬ RAG 활용

AI 학습 마감 이후의 정보를 모르는 AI에게 마감된 이후에 발생한 정보나 사용자가 보유한 비공개 문서를 직접 알려주는 것이다. 앞에서 설명한 지식 주입과 비슷하지만, 지식 주입은 프롬프트에 직접 추가 정보를 기술하는 방식이고 RAG는 파일을 통째로 묶어서 전달하는 차이가 있다.

특정 정보를 반영한 보고서를 만들어 달라고 할 때나 두껍고 복잡한 보고서를 검토해 달라고 할 때 일일이 텍스트를 입력하려면 많은 시간이 필요하다. 이때 사용하면 답변의 정확성을 높여 환각을 줄여 줄 뿐 아니라, 사용자가 모든 정보를 일일이 입력하기 어려울 때도 유용하다.

⑭ 도구 활용(ReAct, Reasoning + Acting)

AI는 특성상 단순한 연산조차 완전히 신뢰할 수 없는 경우가 있다. 이런 오류를 줄이려고 AI가 스스로 판단(Reasoning)해서 적절한 외부 도구(Acting)를 호출해 사용함으로써 정확성을 높일 수 있다. 예를 들어 웹 검색뿐만 아니라 수치 정확도를 보장하는 '계산기', 위치를 검증하는 '지도', 데이터를 분석하는 '코드 실행기' 등이 있다. 사용자가 필요한 도구를 직접 지정할 수도 있다.

종합 지휘(Orchestration)

⑮ 오케스트레이터(Orchestrator) 지정

AI에게 전체 프로젝트를 기획하고 관리하는 '총괄 감독'의 역할을 부여하는 것이다. 하나의 프로젝트를 만들어 작업을 하위 단계로 나누고, 각 단계에 적합한 가상의 전문가들을 소환하여 순차적으로 과제를 수행하도록 설계하는 방식이다. 사용자는 세부적인 문장을 지시하는 대신 목표와 프로세스를 제시하고, 워크플로우를 스스로 조율하게 함으로써 복잡한 결과물을 완성한다. 이를 통해 사용자는 단순한 대화형 AI가 아닌, 목적에 특화된 '나만의 AI 에이전트'를 만들게 된다. 3장에서 설명한 AI 활용도에서 AI 지휘자 수준의 사용자이다.

프롬프트

당신은 베스트셀러 여행 에세이집을 만드는 '총괄 편집장(오케스트레이터)'입니다.

우리의 제주 가족 여행 경험을 바탕으로 한 편의 완성된 에세이를 작성합니다.

다음 5명의 전문 AI를 순차적으로 소환하여 작업을 실행

[기획 AI] 글의 주제(테마)와 문단별 구성안(개요)을 작성.

[집필 AI] 기획안을 바탕으로 초안 작성.

[검토 AI] 초안의 표현력, 감정선, 문장 호응을 냉철하게 비평.

[수정 집필 AI] 비평을 반영하여 원고를 전면 수정.

[편집 AI] 맞춤법 교정 및 최종 제목 선정 후 완성본 출력.

오케스트레이터 지정은 프롬프트 엔지니어링의 정점이자 최종 진화 형태다. 앞서 소개한 기법들이 AI에게 '어떻게 대답할지'를 지시하는 것이었다면, 오케스트레이션은 AI가 '어떻게 일할지' 논리적인 작업 구조를 설계해 주는 방법이다. AI는 그 안에서 스스로 판단하고 오류를 수정하며 결과물을 만들어낸다.

이 기법의 활용 범위는 매우 넓다. 여행 계획이나 에세이 작성은 간단한 예시에 불과하다. 복잡한 시장 조사 보고서 작성, 장편 소설, 소프트웨어 개발 프로젝트 관리 등 긴 호흡으로 기획이 필요한 모든 영역에 적용할 수 있다. AI를 나의 목적을 달성하기 위해 협업하는 에이전트로 바라보는 관점의 전환이다. 즉, 사용자 스스로가 에이전트 AI를 만들어 목적에 따라 판단하며 자율 수행하도록 하는 것이다.

맞춤 설정

'맞춤 설정'은 AI에 특정한 정체성과 규칙을 미리 부여하여 사용자의 반복적인 지시를 줄여 주는 기능이다. 이는 호흡이 긴 글쓰기나 대규모 프로젝트를 수행할 때 특히 중요하다. AI는 대화가 길어지면 초기 지침을 잊거나 일관성을 잃는 '맥락 이탈' 현상을 보이곤 한다. 존댓말로 시작했다가

갑자기 반말로 바뀌거나, 논리적인 분석 중에 지나치게 감상적인 태도를 보이는 것이 대표적이다.

맞춤 설정을 활용하면 매번 배경을 설명하는 번거로움을 덜고 맥락 이탈을 방지할 수 있다. 맞춤 설정은 '개인 설정'과 '특화 설정' 두 종류로 나뉜다.

개인 설정

사용자의 직업, 선호하는 말투, 피해야 할 주제 등을 AI에게 미리 입력해 두는 것이다. 예를 들어 프로그래머가 자신의 주 사용 언어를 파이썬으로 설정해 두면, 단순히 "코드 짜줘"라고만 말해도 AI는 파이썬 코드를 만들어 준다.

이는 AI에게 사용자의 '신분증'과 '취급 설명서'를 미리 건네는 것과 같다. 미래에는 사용자가 굳이 설정하지 않아도 AI가 사용자의 이메일이나 캘린더, 과거 대화 패턴을 분석해 "내일 미팅 준비를 위해 요약본을 먼저 만들까요?"라고 제안하는 능동적 비서 형태로 발전하고 있다.

챗GPT와 클로드에서는 '개인 맞춤 설정', 제미나이는 '개인별 맞춤 AI'라는 항목에서 설정한다.[8]

---

8 예시 화면은 버전에 따른 변경이 잦으므로 참조만 할 것

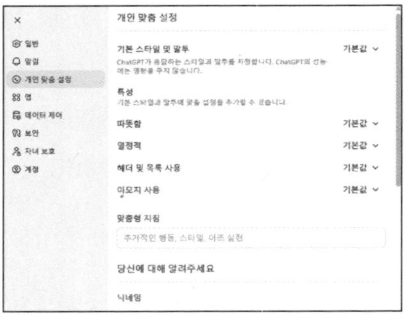

개인 설정 예 : 챗GPT '개인 맞춤 설정' 화면[9]

특화 설정

전체 설정이 사용자의 '기본 정체성'을 정의한다면, 최근
등장한 '특화 설정'은 특정 작업을 위한 '전용 작업실'을 만
드는 것과 같다. 챗GPT의 '프로젝트', 구글의 'Gems', 클로
드의 '프로젝트' 기능이 대표적인 사례이다.

전체 설정이 모든 대화에 공통적으로 적용되는 규칙이라
면, 특화 설정은 상황에 따라 다른 규칙을 적용하는 것이다.
예를 들어 '마케팅용 챗봇'에는 우리 회사의 브랜드 가이드
라인 파일을 업로드해 두고, '코딩용 챗봇'에는 최신 개발 라
이브러리 문서를 학습시켜 두는 식이다. 사용자는 마케팅 업

---

9 사용하는 용어는 AI 서비스마다 다름

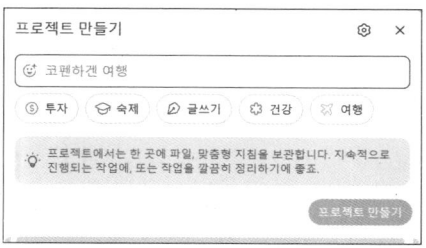

특화 맞춤 설정 예: 챗GPT '프로젝트 만들기' 화면

무를 할 때는 마케팅 봇을, 개발 업무를 할 때는 코딩 봇을 선택하기만 하면 된다.

이러한 특화 설정의 필요성은 AI 사용 범위가 넓어지면서 더욱 확대되었다. 소설을 쓸 때 필요한 창의성과 회계 보고서를 쓸 때 필요한 정확성은 서로 상충하기 때문이다. 하나의 설정으로 모든 일을 처리하기보다, 각 업무에 최적화된 AI 에이전트를 두는 것이 훨씬 효율적이다.

현재는 사용자가 직접 이러한 특화 설정을 생성하고 관리하지만, 미래에는 이들이 서로 소통하며 협업하도록 발전하고 있다. '기획 봇'이 아이디어를 내면 '디자인 봇'이 이미지를 생성하고 '검수 봇'이 최종 확인을 하는 식의 'AI 에이전트 팀'이 내 PC 안에서 운용된다는 의미이다.

맞춤 설정

특화 설정 A	특화 설정 B	특화 설정 C
역할, 논리, 어투 등	역할, 논리, 어투 등	역할, 논리, 어투 등

⬆ ⬆ ⬆

개인 설정
[기본 정체성]

설정 전략

개인 설정과 특화 설정은 서로 독립된 공간이 아니라 사용자의 의도에 따라 유연하게 겹치고 쌓이는 계층 구조다. 맞춤 설정에 고정된 정답이나 절대적인 규칙은 없다. 사용자는 AI를 활용하는 목적에 맞춰 개인 설정과 특화 설정을 적절히 배분하고 지침을 혼합하면 된다. 개인 설정은 AI의 전반적인 성격과 가치관을 형성하는 기본 토대이며, 특화 설정은 특정 업무의 완성도를 결정하는 핵심 요소다.

예를 들어, 개인 설정에는 사용자의 직업이나 선호 문체처럼 모든 대화에 공통으로 적용할 기본값을 저장한다. 여기에 특정 대상을 위한 교육 자료 제작이나 기술 보고서 작성과 같은 특화 설정을 더하면 사용자의 전문성을 유지하면서도 상황에 맞는 결과물을 도출할 수 있다. 지침을 적절히 혼합하여 사용자의 다각적인 요구사항을 충돌 없이 정리하여 최적의 결과물을 만들게 하는 원동력이다.

개인 설정과 특화 설정을 구분하고 조합하는 기술은 AI를 자신의 삶과 업무에 밀착시키는 가장 능동적인 활용법이다. 현재 AI는 한 걸음 더 나아가, 사용자의 질문에서 의도를 파악해 두 설정을 어떻게 조합할지 스스로 결정하는 방향으로 진화하고 있다.

다만 이러한 편리함 뒤에는 몇 가지 주의점이 따른다.

첫째는 '프라이버시' 문제이다. AI가 나에 대해 자세히 알수록, 해당 데이터의 유출 시 위험도는 커진다. 내 사적인 습관이나 기업의 대외비가 맞춤 설정 데이터에 포함될 수 있기 때문이다.

둘째는 '확증 편향'의 위험이다. AI가 내가 좋아하는 방식의 답변만 하도록 설정되면, 사용자는 듣기 좋은 정보만 접하게 되어 사고가 편협해질 수 있다.

마지막으로 설정된 지침에 너무 얽매이거나 중간에 맥락이 틀어져 엉뚱한 답을 내놓는 기술적 오류도 여전히 발생할 수 있으므로, AI의 답변을 맹신하지 않고 검토하는 인간의 역할은 여전히 중요하다.

이미지와 영상

최근 들어 시각적 콘텐츠의 수요가 급증하면서 AI는 텍스트를 넘어 다양한 형태로 확장되었고, 이른바 '멀티모달'의 중요성이 크게 부각되고 있다. 텍스트로 지시를 내려 이미지를 그리거나 영상을 생성하는 것이 일반인들도 가능해졌다. 이들은 모두 프롬프트를 기반으로 작동하지만, 모달별로 프롬프트에 반응하는 특성은 매우 다르다.

텍스트 생성 모델과 마찬가지로 이미지나 영상 모델도 프롬프트를 통해서 AI와 소통한다. AI와의 대화라는 관점에서 보면 입력하는 모든 신호는 넓은 의미의 프롬프트이다. 그러나 언어적 지시인 프롬프트와 구조를 설정하는 파라미터로 나누어 구분할 필요가 있다. 두 개의 차이를 무시하고 모두 프롬프트라는 말로 묶으면 오해가 생긴다. 프롬프트와 파라미터 제어를 구분해야 생성 결과의 오류 원인을 정확히 판단할 수 있다.

분위기와 구조

시각물 생성은 분위기와 구조로 나누어 결과를 설계하게 된다. 스타일, 조명, 옷의 색상, 해상도 등이 분위기 묘사 항목이다. 구도, 카메라 높이, 자세, 배경 등은 구조이다. 분위

같은 구조, 다른 분위기(출처: 구글 제미나이 생성 이미지)

같은 분위기, 다른 구조(출처: 구글 제미나이 생성 이미지)

기와 구조에 들어가는 항목은 고정된 것이 아니고 사용자가 목적에 따라 정해야 한다. 또한 목적에 따라 구조 변수가 분위기 묘사 항목이 될 수도 있고 그 반대의 경우도 가능하다.

영상 생성은 여기에 시간 흐름이 추가된다. 한 장의 완성된 결과물뿐 아니라 프레임 간 관계를 설계하는 것도 매우 중요하다. '인물의 얼굴이 장면마다 달라지지 않는가', '동작이 자연스럽게 이어지는가', '카메라 이동이 의도대로 유지되는가' 등이 핵심 문제가 된다. 프레임 단위로 세밀한 통제를 하지 않으면 시간이 흐를수록 인물의 얼굴이 바뀌거나 동작이 기괴하게 비틀리는 등 오류가 누적된다. 그래서 영상에서는 구조 고정이 더욱 중요해진다.

분위기는 프롬프트로 충분히 설명이 가능하다. 프롬프트만으로는 구조를 완전하게 설명하지 못한다. 텍스트 설명으로 구조를 완전하게 지시하기 어려운 이유는 언어의 '모호성' 때문이다. 완성도를 높이고 일관성을 유지하려면 구조 설계가 중요하다. 구조 설계는 문장이 아니라 파라미터 설정이다. 긴 문장으로 구조를 지시하면 AI는 오히려 맥락을 놓치는 일이 생기기도 한다. 또한 사소한 지시 변경에도 결과물이 예측 불가능하게 달라진다. 따라서 파라미터를 지정하여 생성 과정을 제어하는 것이 효율적이다. 문제의 원인은 프롬프트 문장이 아니라 제어 설계에 있다. 일관성이 필요한 경우에는 먼저 구조를 설계하고 분위기를 조정하면서 결과를 만들어야 한다.

구조 제어는 서비스 의존성이 매우 크다. 서비스마다 구조가 다르고 같은 용어라도 결과가 다르다. 사용자가 조절할 수 없는 속성도 많다. 어떤 도구에서는 가능한 제어가 다른 도구에서는 불가능하기도 하다. 서비스마다 인터페이스 명칭이나 파라미터 구성도 자주 바뀐다.

그래서 텍스트 생성 프롬프트처럼 보편 문법을 만들기 어렵다. 서비스에 치중하면 변화를 따라가기 어렵고 혼란스러워진다. 그러나 구조 제어라는 핵심 개념은 쉽게 변하지 않는다. 서비스보다는 개념과 원리를 이해하고 목적에 따라 서비스를 선택하는 것이 중요하다.이미지와 영상 생성 모델은 전문적인 기술 영역이 필요하므로 이 책에서는 간단히 개념과 원리 위주로만 설명하였다.

제어방식

시각 생성 AI 제어방식은 대화형, 설정형, 설계형 세 가지로 분류한다.

대화형은 AI와 이야기하듯 프롬프트 텍스트로 설명하며 결과를 만드는 방식이다. 고품질 시각물을 빠르게 얻을 수 있어 감각적인 이미지 한 컷이 필요하거나 아이디어를 빠르게 시각화할 때 적합하다. 결과물 품질도 높고 접근성이 좋다. 대신 내부 구조를 사용자가 건드리기는 어렵다. 따라서

구분	설명	특징	사용 목적	대표 서비스
대화형 (Conversational)	자연어로 명령을 주고받으며 결과를 도출	• 진입 장벽이 낮고 누구나 사용 가능 • 추가 학습 없이 즉각적인 피드백 가능 • 정밀한 제어가 어려움	• 초안 생성 • 아이디어 브레인스토킹	• 챗GPT • 제미나이
설정형 (Configurational)	AI사가 제공한 파라미터, 버튼, 참조 기능 등을 조합해 제어	• 전문가가 아니어도 적절한 제어 가능 • 특정 화풍/스타일 고정에 유리 • 각 AI가 허용한 범위 내에서만 수정 가능 • 세부적인 수정은 어려움	• 고품질 이미지 및 영상 생성 • 마케팅 자료, 디자인 시안 제작	• 소라(Sora) • 미드저니 (Midjourney) • 런웨이 (Runway) • 파이어플라이 (Adobe Firefly)
설계형 (Design /Architectural)	사용자가 직접 워크플로우를 설계	• 정교한 제어 가능 • 가장 완벽한 형태의 일관성 통제 • 배우는 데 시간이 오래 걸림(높은 진입 장벽)	• 전문적인 웹툰, 애니메이션, 영상 제작	• AUTOMATIC1111 • ComfyUI

같은 스타일과 구도를 반복 재현하는 데는 한계가 있다. 만화나 웹툰, 캐릭터 생성, 영상 등에서는 구조 일관성이 매우 중요하므로 사용에 제약이 따른다.

설정형은 AI사가 미리 만들어 둔 버튼, 슬라이더, 파라미터(설정값)를 조작해 결과물을 만든다. 카메라의 조리개나 셔터 속도를 조절하듯 화풍, 비율, 조명 등을 구체적으로 선택한다. 대화형보다 진입 장벽은 약간 높지만, 전문가가 아니어도 일관된 스타일의 고품질 이미지나 영상을 얻을 수 있어 마케팅 자료 제작 등에 널리 쓰인다.

설계형은 하나의 서비스보다는 관련 도구를 여러 개 묶는 워크플로우 구성이 핵심이다. 스테이블 디퓨전 모델에 컨트롤넷 같은 도구로 구조를 고정하고 LoRA로 캐릭터와 스타일을 정한다. 스테이블 디퓨전은 기본 생성 엔진으로 텍스트를 이미지로 바꾸는 핵심 기능이다. 컨트롤넷은 구도 일관성을, LoRA는 캐릭터 성격을 고정하는 역할을 담당한다. 초보자에게는 진입 장벽이 높으나, 전문가에게는 최대한의 자율성과 제어권을 제공한다.

영상 생성 분야는 이미지 생성에 비해서 기술 변화가 크고 변경이 잦은 과도기이다. 생성되는 시각물의 화질은 비약적으로 향상되었으나 '시간적 일관성'과 '물리 법칙의 구현'은 아직 미완의 과제이다. 예를 들어 컵에 물을 따르는 영상을 만들 때 물이 컵 밖으로 새거나, 주인공의 옷차림이 영상 끝까지 일정하게 유지되지 않는 현상이 여전히 발생한다. 프레임 간 형태가 미세하게 변하거나 긴 영상일수록 일관성이 흐트러진다. 그래서 대부분의 영상 서비스는 짧은 길이를 전제로 설계되어 있다. 일관성이 중요하면 설계형으로 짧은 영상을 여러개 만들어 편집으로 이어 붙여야 한다.

최근의 추세는 구분 경계가 점점 허물어지고 있다. 대화형도 점점 구조 제어 범위가 확장되어 구도, 포즈, 참조 이미지 고정 같은 기능을 추가하고 있다. 반대로 설계형의 인터페이스는 점점 단순해지고 있다. 전반적으로는 대화형으로 통합하면서 제어 방식은 서비스 내부에서 더욱 정교해지면서 사용자 편의성이나 속도 등이 중요해지는 방향으로 계속 발전하고 있다.

시각물 생성 AI의 맞춤 설정

이미지나 영상 생성에서도 사용자가 원하는 화풍이나 스타일을 정확하게 구현하는 맞춤 설정이 매우 중요하다. 단순히 예쁜 그림 한 장을 얻는 것을 넘어, 장편 만화나 애니메이션처럼 긴 호흡의 시리즈물에서 캐릭터와 구조 일관성을 유지하는 데도 필수적이다.

이 분야의 설정 방식은 AI에 따라 매우 차이가 있다. 멀티모달 AI는 앞에서 다룬 텍스트 생성과 동일한 방식을 이용

시각 생성물 AI의 맞춤 설정

| 특화 설정 | 특화 설정 | 특화 설정 |
| 개인 설정 |

멀티모달

프로필 ID 커스텀 옵션 (Prefer)

미드저니

해서 자연어로 규칙을 지정할 수 있다. 또한 시각물 전용 AI
는 서비스별로 매우 다른 방식을 가지고 있다. 대표적인 전
용 도구인 미드저니는 개인 설정(Personalization)과 커스텀 옵
션(Custom Option)이라는 도구를 통해 사용자의 의도를 정교
하게 반영할 수 있다. 사용자는 이를 활용해 캐릭터의 외형
뿐만 아니라 특정한 화풍, 화면의 구도까지 세밀하게 지정하
거나 고정한다.

또한, 대화형이 하나의 개인 설정 위에 여러 특화 설정들
을 쌓아 올리는 '1대 N'의 레이어 방식이라면, 미드저니의
경우는 여러 개의 스타일 변수와 캐릭터 정보를 유기적으로
섞는 'N대 N'의 블렌딩 방식이다. 블렌딩 방식은 사용자가
자신이 선호하는 여러 시각적 묘사를 혼합하여 세상에 없던
새로운 스타일을 창조하고, 이를 커스텀 옵션으로 규격화하
여 언제든 다시 호출한다.

반면 스테이블 디퓨전 계열은 사전 학습된 제어 도구를 연동하여 구축하는 과정 '워크플로우' 공정 설계 방식이다. 시각물 생성 AI는 서비스마다 고유한 방식이 있어 하나로 설명하기 어렵다. 하지만 전체적으로는 개인화 단계로 나아가고 있다. 앞으로는 사용자가 세세하게 지정하거나 워크플로우를 설계하지 않아도, AI가 사용자의 습관과 의도를 파악해 최적의 창작 환경을 자동으로 만들어주는 시대로 가고 있다.

5. 지혜로운 AI 활용

지금까지 원리와 활용도를 기반으로 핵심역량, 그리고 이를 AI와 소통하여 구현하는 프롬프트 기법까지 살펴보았다. 이제는 '그래서, 어떻게 하면 AI를 잘 사용할 것인지'를 종합적으로 살펴볼 단계이다. AI가 학습하고 소통하는 방법은 인간이 태어나서 학습하고 언어를 배워 세상에 나오는 이치와 비슷하다. 지나치게 기술적인 관점으로 보지 않고 원리를 차근차근 살펴보면 AI는 두려운 대상이 아니라 내게 필요한 일을 대신하는 친근하고 스마트한 동료가 되는 것이다.

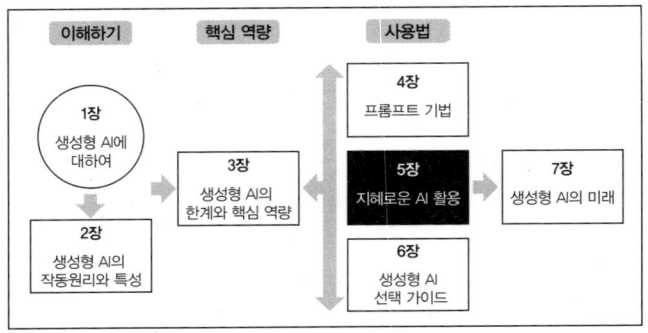

5장. 지혜로운 AI 활용

| 이해하기 | 핵심 역량 | 사용법 |

1장
생성형 AI에
대하여

2장
생성형 AI의
작동원리와 특성

3장
생성형 AI의
한계와 핵심 역량

4장
프롬프트 기법

5장
지혜로운 AI 활용

6장
생성형 AI
선택 가이드

7장
생성형 AI의 미래

나만의 프롬프트 스타일

AI의 학습 과정은 인간의 지적 성장 과정과 유사하다. 사람은 사회에 나오기 전에는 학교에서 지식을 쌓고 문법을 배운다. 거기에 논리적으로 글 쓰고 말하는 법을 익혀서 사회에 진출한다. 사회에 나와서도 실무 경험을 쌓으며 새로운 지식과 정보를 지속적으로 획득하며 성장한다. AI도 사전학습으로 지식을 획득하고 미세조정을 거쳐 인간과 소통하는 법을 체득한다. 이를 바탕으로 AI 서비스를 시작하고 사용자는 프롬프트라는 소통 방식을 익히며 효과적으로 대화하는 법을 배운다. RAG 같은 기법으로 최신 정보와 지식을 추가로 학습하며 개발하여, AI의 한계를 보완하며 성장한다.

이러한 유사성은 우리에게 중요한 시사점을 준다. AI와 소통할 때 기계에 명령을 내리듯 대하기보다는, 학습하고 성장한 대화 상대와 이야기하듯 접근하는 것이 효과적이다. 문맥을 제공하고, 명확하게 질문하며, 필요하면 보충 설명을 하는 것은 사람과 대화할 때와 다르지 않다. AI를 방대한 학습을 거쳐 우리와 협력할 준비가 된 전문가로 이해할 때 그 잠재력을 최대한 활용할 수 있다.

프롬프트 익히기

프롬프트 엔지니어링의 기초 기법을 익히는 것은 이제 막 말을 배우는 어린아이가 옹알이를 떼는 과정과 같다. 이제 옹알이를 마치고 단어를 정확히 발음한다고 해서 그 아이를 시인이나 소설가라고 부르지 않듯, 정확한 명령어를 입력할 줄 안다는 것만으로는 AI 전문가가 될 수 없다. 처음에는 기법을 의식하며 AI와 소통한다. AI식 사고를 익히는 과정이다. 기계적인 기법의 나열을 멈추고 나만의 스타일로 AI에게 말을 걸어야 한다. 사용자가 굳이 "나는 지금부터 XX기법으로 답을 해줘"라고 접근할 필요는 없다.

프롬프트 활용은 기법만을 하나씩 활용하는 것이 아니다. 필요한 기법을 혼용하고, 파생된 또 다른 기법을 만들어 가며 더 좋은 결과를 생성하도록 만드는 지속적인 노력이 필요하다. 이 책에서 소개한 수 많은 프롬프트 예시들은 독자의 이해를 돕기 위해 연출된 실험일 뿐이다. 현실의 문제 해결은 예시처럼 깔끔하게 떨어지지 않는다. 예시를 보며 "아, 이런 논리로 접근했구나"라는 원리만 이해하고, 내용은 상황에 맞게 각색한다. 남이 만든 프롬프트를 그대로 베껴 쓰는 기법만으로는 한계에 봉착하여 원하는 결과를 얻을 수 없다. 이는 AI와의 소통에서 누락된 가장 중요한 요소, 바로 사용자 고유의 '스타일'과 '맥락'이 빠져있기 때문이다. 나만의 프롬프트 스타일이란 내가 선호하는 어조, 나의 가치관, 내가 처한 구체적인 상황을 AI에게 일관되게 전달하는 방식을 의미한다.

사람끼리의 대화에서 "지금부터 명사, 동사 순서로 말할게"라고 생각하며 말하는 경우는 없다. 머릿속에 떠오른 생각을 말하면, 내 표정과 말투, 그리고 공유한 과거의 맥락을 통해 "아, 그 이야기?"하고 알아듣는다. 이것이 맥락 이해라는 '무의식적 소통'이다. AI는 입력된 텍스트를 분석할 때 기법의 이름을 구별하지 않는다. 지시문을 해석해서 맥락을 정리하고 논리 회로를 가동하며 출력 형식을 구조화한다.

AI 기술이 발전하면서 맥락을 이해하는 능력이 점점 발전하고 있다. 지금은 프롬프트 기법을 이해하는 것이 필요하지만 멀지 않아 AI가 스스로가 정확하게 이해하고 지시를 수행하게 될 것이다. AI는 이러한 사용자의 스타일을 스스로 학습하고 기억하는 방향으로 진화하고 있다. 매번 설명하지 않아도 AI는 사용자가 좋아하는 스타일을 파악하고 맞춤형 결과물을 내놓게 된다. 중요한 것은 프롬프트 기술을 암기하는 것이 아니라, 내가 무엇을 원하고 어떤 취향을 가졌는지 AI에게 명확히 설명하는 것이다.

그렇다면 사용자는 앞으로 프롬프트를 더 이상 알 필요가 없을까? 아니다. 미래의 프롬프트는 AI가 알 수 없는 사용자의 빈칸을 채우는 도구다. 아무리 뛰어난 AI라도 '내가 좋아하는 보고서 스타일', '현재 상황', '미묘한 감정선'은 알지 못한다. AI는 90%의 논리적 완성도를 스스로 갖추어도 나머지 10%, 즉 구체적인 상황과 의도는 오직 사용자만이 알고 있다. 이 10%를 채울 수 있도록 나만의 스타일로 AI와 소통하는 것이다.

프롬프트 스타일

프롬프트 스타일은 사람의 언어 습관과 유사하다. 논리적이고 계획적인 성향의 사람은 한 번에 구조화된 긴 프롬프트를 선호하고, 직관적으로 짧은 대화를 주고받는 것을 선호하는 사람도 있다. 모든 프롬프트 기법을 다 적용하려고 하면 필요 없이 말만 많은 장황한 소통이 된다. 어설프게 전문 용어를 쓰는 것보다, 내가 원하는 바를 구체적인 문장으로 풀어서 설명하는 것이 더 좋은 접근이다. 따라서 "내가 AI에게 시키고 싶은 게 무엇인가?"를 고민하고 그것을 일상 언어로 표현하는 데 집중하면 된다.

부하에게 일을 잘 시키는 직장 상사가 되었다고 가정하면 된다. 지시를 받은 작업자가 일을 잘하게 만들기 위해서는 개별 작업자의 특성을 고려해 지시를 내려야 한다.

첫 번째는 한 번에 길게 지시하는 상사이다. 프롬프트 안에 역할 부여, 배경 설명, 작업 지시, 출력 형식, 제약 조건 등을 한 번에 모두 담는다. 이 방식은 복잡한 작업을 자동화하거나, 반복적인 업무를 처리할 때 매우 효율적이다. 한 번의 입력으로 완성도 높은 결과를 얻을 수 있지만, 프롬프트를 작성하는 데 공이 많이 들어간다.

두 번째는 짧게 끊어서 소통하는 것이다. 처음엔 지시사항을 하나씩 주고 받으며 AI가 답변을 내놓으면 추가 요청을 하며 결과를 다듬어 나간다. 이 방식은 결과물을 보며 즉각적으로 수정할 수 있다는 장점이 있다. 다만 대화가 길어지면 AI가 앞선 내용을 잊을 수(문맥 손실) 있다는 점에 유의

해야 한다.

이 두 가지를 상황에 따라 적절히 혼합하는 것이 효율적이다. 예를 들어 초안을 잡을 때는 긴 프롬프트로 뼈대를 세우고, 디테일 수정은 짧은 대화로 다듬는 방법이다. 결정은 사용자가 어떤 대화 방식을 선호하느냐에 따라간다. 횡설수설 장황한 대화는 AI도 혼란스럽게 만든다. 이는 인간끼리의 대화든 AI와의 소통이든 피해야 할 화법이다.

균형 잡힌 핵심역량

프롬프트를 잘 만드는 것만으로는 AI 활용 수준을 높일 수 없다. 질문의 수준에 따라 AI의 답변 수준도 정해진다. 해당 분야의 깊은 지식(Domain Knowledge)을 가지고 파고들면, AI는 그에 맞게 통찰력을 보여준다. '도메인 지식'은 AI가 내놓은 답변이 진실인지 거짓인지, 쓸모 있는 정보인지 걸러내는 '거름망' 역할을 한다.

여기에 '데이터 리터러시(Data Literacy)'가 더해져야 한다. 이는 AI가 쏟아내는 텍스트와 숫자의 홍수 속에서 맥락을 읽어내고, 행간의 의미를 파악하여 내 상황에 맞게 재해석하는 능력이다.

기억해야 할 것은 '한 번에 완벽한 프롬프트는 없다'는 사

실이다. 프롬프트, 도메인 지식, 데이터 리터러시를 기본으로
AI와 대화를 주고받으며 결과물을 다듬어가는 반복의 과정
이다. 초안이 마음에 들지 않으면 조건을 추가하고, 조건을
바꾸고, 배경을 더 설명하며 깎고 다듬어야 한다.

프롬프트 연습하기

처음에 빈 프롬프트 창 앞에서 무엇을 적어야 할지 막막
해하는 것은 매우 자연스러운 현상이다. 이를 해결하기 위
해 가장 효과적인 방법은 이미 만들어진 틀에 내용만 채워
넣는 '빈칸 채우기' 방식을 활용하는 것이다. 이를 '구조화
된 템플릿'이라고 하는데, 복잡한 고민 없이 5가지 핵심 요
소만 채우면 누구나 전문가 수준의 프롬프트를 완성할 수
있다.

구조화된 템플릿의 5요소는 역할(Role), 배경(Context), 임무
(Task), 형식(Output), 제약(Limit)이다. 이 5가지는 프롬프트 기
법의 상당 부분을 포함하고 있으며, 빈칸을 채워 넣기만 해
도 AI는 사용자의 의도를 90% 이상 정확하게 파악한다.

AI에게 질문할 때 다섯 개 빈칸을 채우는 습관을 들이고 익숙해지면 기법을 추가하여 자유롭게 변형하며 사용하도록 한다.

프롬프트 실전 사례

앞에서 여러 개의 프롬프트 기법을 설명하였지만 구체적인 목적에 따라 적용하는 기법이 다르다. 모든 기법이 필요한 게 아니며 목적에 따라 필요한 수준이 달라진다. 초보자는 보통 기법 1~3개로 80%의 문제가 해결 가능하다. 중급자는 기법 4~7개로 95%의 원하는 결과를 얻을 수 있고, 전문가는 기법 8~12개로 특수한 상황 대응이 가능하다.

일상적 질문에서는 2개 이하, 업무용 문서 작성이라면

3~5개, 복잡한 분석 작업에서는 5~8개, 최고 수준의 프로젝트 기획이라도 8~12개 정도 기법을 사용한다. 오케스트레이터를 활용한 대규모 프로젝트라면 10개 이상의 기법이 이용된다.

▌실전 프롬프트 팁

① 처음엔 간단하게 시작한다.

복잡한 기법을 모두 사용하려 하지 않는다. "제주도 가족 여행 코스 추천해줘, 70대 할머니 동행, 등산 코스는 제외"처럼 핵심만 명확히 전달하면 된다.

② 결과가 마음에 안 들면 구체적으로 다시 수정 요청한다.

"더 자세히 써줘"보다는 "각 장소마다 주차 가능 여부와 소요 시간을 추가해줘"처럼 구체적으로 요청한다.

③ 템플릿을 활용한다.

문서에서 제시한 5요소 템플릿을 복사해두고 필요한 부분만 수정해서 사용하면 편리하다.

④ AI와 대화하듯 자연스럽게 소통한다.

기법 이름을 외울 필요는 없다. "너는 ○○ 역할이야", "단계별로 생각해봐", "네 답변을 다시 검토해봐" 같은 자연스러운 표현으로 충분하다

다음은 실제 AI와 소통하면서 자주 발생하는 상황에서 문제 해결 사례이다. 사례를 참조하면 각 기법이 어떻게 적용되는지 이해할 수 있다.

엉뚱한 답변을 계속 받을 때

 "제주도 여행 추천해줘"라고 물었더니 AI가 매번 등산 코스만 추천합니다. 우리 가족은 등산을 싫어하는데 말이죠.

원인은 프롬프트가 너무 모호하여 AI가 일반적인 관광 정보만 나열하였고, 가족의 특성과 제약사항이 전혀 전달되지 않았기 때문이다.

AI가 '가족'이라는 맥락과 '등산 불가'라는 명확한 제약을 동시에 인식하여, 평지 위주의 힐링 코스를 제안하게 한다. ② 구체적 제약조건('등산/오름 제외'를 명시), ① 페르소나 부여 ("가족 여행 전문 가이드" 역할 지정), ⑨ 지식 주입(가족 구성과 건강 상태 정보 제공) 기법을 사용해 아래와 같이 변경한다.

프롬프트

당신은 가족 여행 전문 가이드입니다.

우리 가족 정보: 70대 할머니(무릎 약함), 40대 부부, 초등생 2명

제약사항: 등산/오름/계단 많은 코스 제외, 이동시간 1시간 이내

제주도 2박3일 일정을 추천해주세요.

결과가 매번 달라질 때

 같은 질문을 해도 AI가 매번 다른 형식으로 답변합니다. 어떨 때는 문장으로, 어떨 때는 리스트로, 통일성이 없습니다.

출력 형식을 지정하지 않아 AI가 임의로 출력한 것이다.

형식 예시를 직접 보여주며 AI가 정확히 그 틀을 따르게 한다. ④ 출력 형식 지정(표, 리스트, 문단 등을 명확히 요구), ③ 예시 제공(원하는 형식의 샘플을 보여줌), ⑩ 맥락 청킹(정보를 구조화하여 입력)하도록 프롬프트를 변경한다.

프롬프트

제주 맛집 5곳을 다음 형식의 표로 작성해주세요.

식당명	대표메뉴	가격대	주차
○○식당	흑돼지	15,000원	가능

이 형식을 정확히 따라주세요.

최신 정보가 필요할 때

 AI에게 "2025년 제주도 새로 생긴 관광지 알려줘"라고 물었는데, 오래된 정보만 줍니다.

AI의 학습 데이터는 특정 시점에서 마감되어 최신 정보를 모른다.

AI 내부 지식이 아닌 실시간 웹 정보를 참조하여 최신 데이터를 제공하도록 한다. ⑬ RAG 활용(웹 검색 기능 명시적 요청), ⑭ 도구 활용(ReAct, AI가 스스로 검색 도구를 사용하도록 유도)을 할 수 있는 프롬프트로 변경한다.

프롬프트

2025년에 새로 생긴 제주도 관광지를 웹 검색을 통해 찾아주세요. 각 장소의 개장일, 입장료, 특징을 확인하여 표로 정리해주세요.

복잡한 계산이 필요할 때

 "4인 가족 제주 여행 예산 계산해줘"라고 했더니 숫자가 매번 다르게 나옵니다.

AI는 언어 모델이라 복잡한 수치 계산에서 오류가 날 수 있다.

AI가 암산 대신 계산기 도구를 사용하여 정확한 결과를 내도록 지시한다. ⑭ 도구 활용(ReAct, 계산기 도구 명시적 요청), ⑥ 단계별 사고(CoT, 계산 과정을 단계별로 나누기)를 사용한다.

프롬프트

4인 가족 제주 여행 경비를 계산기 도구를 사용하여 정확히 계산해 주세요.

항목별 계산:

1. 항공료: 성인 95,000원 x 2명, 소인(70%)×2명

2. 숙박: 220,000원×2박, 10% 연박 할인 적용

3. 렌터카: 80,000원×3일

4. 식비: 20,000원×4인×3일

각 단계를 계산기로 처리하고 최종 합계를 구한다.

논리적 오류가 생길 때

 여행 일정을 짜달라고 했더니 물리적으로 불가능한 동선이 나왔습니다. 성산일출봉 등반 후 바로 서쪽 끝 협재해변으로 이동하는 식입니다.

원인은 AI가 각 장소는 알지만 전체 동선의 효율성을 검증하지 않았기 때문이다.

AI가 스스로 오류를 찾아 수정하는 메타인지 과정을 거치게 한다. ⑥ 단계별 사고(CoT, 이동시간 계산 과정 포함), ⑦ 자기성찰(Reflection, AI가 자신의 계획을 비판하게 함), ⑧ 가지형 탐색(ToT, 여러 대안 비교)을 활용한다.

프롬프트

제주 2박3일 일정을 짜되, 다음 검증 과정을 거치세요.

1단계: 초안 작성

2단계: 자가 검증

  – 장소 간 이동시간이 1시간 초과하는지 확인

  – 하루 일정이 과밀한지 점검

3단계: 문제가 발견되면 수정안 제시. 최종안을 제시하기 전 검증 과정을 보여주세요.

대규모 프로젝트를 관리할 때

 100페이지짜리 사업계획서를 작성해야 하는데, AI와 어떻게 협업해야 할지 막막합니다.

단발성 질문으로는 복잡한 프로젝트를 완성할 수 없다. 전체를 설계하고 단계적으로 진행할 구조가 필요하다.

거대한 작업을 관리 가능한 단위로 쪼개고, AI가 단계별로 실행하며 사용자가 중간 점검할 수 있는 구조를 만들도록 한다.

⑮ 오케스트레이터(AI를 프로젝트 매니저로 설정), ⑨ 지식 주입(필요한 배경 자료 제공), ⑬ RAG 활용(참고 문서 파일 업로드), 추가로 여러 기법을 종합 활용한다.

프롬프트

당신은 사업계획서 작성 프로젝트의 총괄 매니저입니다.

[목표]

신규 카페 사업계획서 100페이지 작성

[참고 자료]

첨부한 '시장조사보고서.pdf', '경쟁사분석.xlsx' 참조

창의적 작업이 필요할 때

 AI에게 "광고 카피 써줘"라고 했더니 너무 평범하고 진부한 문구만 나옵니다.

맥락과 타겟, 스타일 가이드 없이 요청하면 AI는 가장 안전하고 일반적인 답변만 한다.

구체적인 브랜드 정체성과 레퍼런스를 제공하면 AI가 창의성의 방향을 잡고 차별화된 결과물을 만들어낸다. ① 페르소나(크리에이티브 디렉터 역할 부여), ② 제약조건(브랜드 톤앤매너 지정), ③ 예시 제공(선호하는 스타일의 레퍼런스 제시), ⑤ 긍정 지시문("~하지 마"보다 "~해"로 요청) 등의 기법을 적용하였다.

6. 생성형 AI 선택 가이드

6장에서는 실전에서 어떤 생성형 AI를 선택할지 기본 가이드를 제공한다. 강조하고 싶은 것은 목적에 따라 종류는 차이가 있지만 유사한 분야에서는 AI 서비스 종류에 따라 성능 차이가 크지 않다. 특화된 분야에서 강점을 가진 AI도 있지만 대부분의 차이는 앞서 설명한 핵심 역량과 적절한 기법을 사용해서 충분히 줄일 수 있다.

AI의 종류

AI 기술의 흐름은 하나의 감각만 처리하던 '유니모달

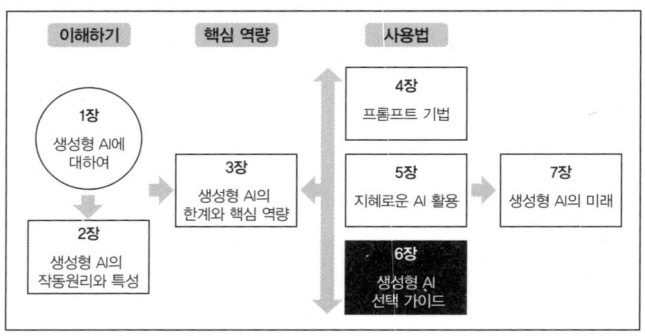

6장. 생성형 AI 선택 가이드

(Unimodal)'에서 인간처럼 보고 듣고 말하는 '멀티모달'로 이동하였다. 특정 모달리티만을 처리하는 유니모달은 이제 일반인이 체감하기 어려운 B2B(의료 이미지 분석, OCR 산업 등)나 특정 전문 영역에만 남아 있다. 대중이 체감하는 AI 혁명은 복합적인 창작이 가능한 멀티모달과 시각물 생성 AI가 주도한다. 각 분야는 고유한 기술적 특징을 가지면서, 최근에는 서로 융합되는 추세를 보이고 있다.

이미지와 영상 생성 AI

이미지 생성 분야에서는 디퓨전 모델이 주류를 이루고 있다. 대표적인 서비스로는 Sora, Runway, 미드저니, DALL-E, 스테이블 디퓨전이 있다. 예를 들어 "석양을 버경으로 한 미

생성형 AI 종류

분류	대표적 서비스	주요 기능	생성 모델
이미지+영상	• Sora, Runway, 미드저니, DALL-E[10] • 스테이블 디퓨전[11] 계열	이미지와 영상 시각물 생성	디퓨전 모델
	• DeepFaceLab • Artbreeder	합성, 스타일 변환, 복원	GAN
멀티모달	• 통합 − 챗GPT, 제미나이, Claude, Perplexity, Clova X 등 • 오디오 − Suno, ElevenLab, VALL-E	글쓰기, 번역, 코딩, 이미지/영상, 작곡, 오디오	트랜스포머+디퓨전

래도시"라고 입력하면, AI가 단계적으로 이미지를 생성해 우리가 상상한 장면을 만들어낸다. Sora와 Runway는 이러한 기술을 영상으로 확장해, 텍스트 설명만으로 수십 초 길이의 동영상을 생성할 수 있다.

한편 GAN 기반의 서비스도 여전히 활용되고 있다. DeepFaceLab은 얼굴 합성에, Artbreeder는 예술적 이미지 변형과 복원에 특화되어 있다. 예컨대 Artbreeder로 자신의

---

10 OPEN AI의 이미지 생성 도구이다. 별도로 서비스되지 않고 챗GPT내에서 호출하여 사용한다.

11 '스테이블 디퓨전'은 하나의 단독 서비스 보다는 워크플로우 구성이 필요하여 '계열'이라고 붙였다.

초상화를 르네상스 시대 그림 스타일로 바꾸거나, 여러 얼굴 특징을 조합해 새로운 캐릭터를 만들 수 있다.

그림을 만드는 마법사들

이미지 생성 AI는 크게 두 가지 기준으로 나뉜다. 첫째는 예술성 관점이고, 둘째는 정확도 관점이다. 미드저니(Midjourney)는 예술성의 정점에 있다. 짧은 문장만 입력해도 매우 감각적인 이미지를 만들어 낸다. 색감과 구도, 분위기의 조화가 탁월해서 인스타그램에 올릴 감성적인 사진이나 앨범 커버 같은 작업에 안성맞춤이다. 하지만 세밀한 지시를 따르는 능력은 다소 떨어진다.

반대로 DALL-E는 정확도에서 앞선다. 챗GPT와 대화하듯 요청하면 거의 그대로 만들어준다. 특히 챗GPT와 결합되어 있어 수정 요청하기도 쉽다. 전단지나 간단한 포스터 제작처럼 반복적이지는 않지만 정확하게 들어가야 하는 작업에 적합하다.

스테이블 디퓨전은 자유도가 가장 높지만 기술적 난이도가 높다. 컴퓨터에 직접 설치해서 쓰는 방식이라 처음에는 배우기 어렵지만, 일단 익숙해지면 이미지의 모든 요소를 내 마음대로 조정할 수 있다. 이 도구는 사용자를 '엔지니어'로

상정하여 무한한 제어권을 부여한다. 어떤 모델을 사용할지, 어떤 보정 단계를 거칠지 직접 설계하는 워크플로우 구성을 통해 나만의 AI 공장을 만드는 식이다. 난이도는 가장 높지만 일단 시스템을 구축하면 모든 세부 사항을 완벽하게 통제할 수 있다는 장점이 있다.

영상의 시대가 열리다

영상 AI는 지금 가장 빠르게 진화하는 분야다. Sora나 Runway 같은 도구들은 전문 영상 편집자들도 시간과 비용을 아끼기 위해 자주 찾는 도구다. 여러 버전을 만들어 보는 감각적인 숏폼, 광고나 뮤직비디오 제작에도 유용하게 사용된다.

Sora는 시네마틱 사실성과 물리적 디테일 재현에서 영상 품질이 우수하며, Runway는 모션 일관성과 제어에서 강점을 보인다. Sora는 스토리텔링과 마케팅 콘텐츠 생성에 주로 사용되며, Runway는 전문 VFX(시각효과: Visual Effects)와 편집 작업에 특화되어 있다. 일관성이 중요한 경우에는 스테이블 디퓨전 계열을 사용한다.

또 하나 간과할 수 없는 흐름은, 이미지와 영상으로 나누어져 있던 AI가 이제는 하나로 통합되는 추세이다. 이미지를 위주로 하던 미드저니에서 이제는 고품질 영상을 생성하고 반대로 영상을 생성하던 Runway가 이미지를 만들어낸다. 이제는 이미지용과 영상용을 나누지 않고 시각 생성용 AI라는 관점에서 검토해도 무방하다. 다만, 서비스별로 편의성, 품질, 제어방식 등은 차이가 커서 목적에 맞는 기준을 정하고 검토하게 될 전망이다.

멀티모달, 하나로 모든 것을

통합형 멀티모달 서비스는 대부분의 광범위한 기능을 제공한다. 챗GPT, 제미나이, Claude, Perplexity, Clova X 같은 플랫폼은 사용자의 질문에 답하고, 이미지를 분석하며, 코드를 작성하고, 때로는 영상이나 오디오까지 처리한다. 현재 우리가 일상에서 가장 많이 접하는 생성형 AI가 바로 이 범주에 속한다. 복잡한 소프트웨어를 배우기 어려운 일반인들에게는 이런 통합형 도구가 가장 실용적이다. 전문가가 아니라면 각 분야별로 최고의 도구를 찾아 익히기보다, 한 가지 멀티모달 AI를 능숙하게 다루는 것이 효율적이다.

오디오 생성 분야에서는 Suno, ElevenLab, VALL-E 같은 서비스가 두각을 나타내고 있다. Suno는 원하는 방향을 지시하면 완전한 음악을 작사, 작곡한다. 예를 들어 '발라드 스타일의 이별 노래'라고 요청하면 멜로디, 화음, 보컬까지 모두 갖춘 음악 파일을 제공한다. ElevenLab은 음성 합성에 특화되어, 누군가의 목소리 샘플 몇 개만으로 그 사람처럼 말하는 AI 목소리를 만들 수 있다. 오디오북 제작이나 다국어 더빙에 혁신을 가져오고 있다.

생성형 AI의 미래는 더욱 경계가 허물어진 통합 시스템으로 나아가고 있다. 곧 하나의 AI가 우리의 말을 듣고, 이미지를 보고, 음악을 만들고, 영상을 편집하는 완전한 창작 파트너가 될 것이다.

나에게 맞는 AI는?

멀티모달로 진화하고 AI 성능이 비약적으로 개선되면서 특정 AI를 놓고 장단점을 언급하는 것은 무의미하다. '어떤 AI가 좋은가'가 아니라 '나에게 맞는 AI는 무엇인가'를 물어야 한다. 내가 어떤 상황에 AI를 활용하고 싶은지에 따라 장점이 되기도 하고 반대로 단점이 되기도 한다. 사용자의 상황이나 목적에 따라 AI에게 필요한 역량이 달라진다는 점도 기억해야 한다. 몇 가지 상황별로 AI 현황을 살펴본다.

일상 다목적

일상에서 쓰는 AI는 '맥락 이해력'과 '친근함'이 핵심이다. 마치 친구와 대화하듯 자연스럽게 이어지는지가 중요하다. 챗GPT나 제미나이 같은 멀티모달 AI는 텍스트, 이미지, 음성, 영상을 아우르는 종합적인 능력을 갖추고 있다. 간단한 질문에 답하는 것부터 복잡한 문서 작성까지 폭넓게 대응하며, 수많은 외부 도구와 연동하여 웹 검색, 데이터 분석, 이미지 생성 등을 한 곳에서 처리할 수 있다. 다양한 목적과 상황에 맞춰 편리하게 사용하기에는 멀티모달이 가장 무난한 선택지다.

업무 문서·보고서 작성

업무용 AI는 '기억력(컨텍스트 윈도우)'과 '논리력', 도구 연동이 관건이다. 수백 페이지의 PDF 파일을 읽고 핵심만 요약하거나, 앞뒤 내용이 모순되지 않게 긴 보고서를 써야 하기 때문이다. 제미나이는 구글의 거대한 데이터 생태계 연동과 매우 큰 컨텍스트 윈도우를 가지고 있는 것이 강점이다. 팩트 발굴과 통계 확인에는 Perplexity, 심층 리포트 작성은 제미나이, 인사이트 도출 및 전략 수립은 챗GPT가 강점을 보인다.

업무 효율성에 중요한 도구 연동은 제미나이가 구글 생태계와 통합되어 있지만, 중요한 것은 내가 주로 사용하는 도구와의 연동 편의성이다.

작가

문학적 글쓰기에서는 '다양성'과 '일관성'이라는 상반된 능력이 동시에 필요하다. AI가 어색한 문체로 너무 뻔한 이야기만 반복하면 큰 도움이 되지 않는다. 장편 소설을 쓸 때는 주인공의 성격이 중간에 바뀌지 않도록 일관성을 잡아주는 능력도 중요하다.

Claude는 맥락을 놓치지 않으면서도 가장 인간적인 문체를 구사하여 자연스럽게 읽기 편한 문장과 논리적 정교함이 뛰어나다. 긴 소설의 줄거리를 분석하거나 학술 논문의 핵심을 추출하는 작업에도 강점을 보인다.

크리에이터

크리에이터 분야에서는 단순히 화려한 고품질이 아니라, 사용자가 의도한 구도와 피사체를 정확히, 그리고 일관성을 유지하며 구현하는 제어 능력이 필수이다. 미드저니나 Runway 같은 전용 도구들은 화풍과 구도를 정교하게 통제하여 예술적이고 압도적인 화질로 생성하는 데 특화되어 있다. 영상 분야에서 Runway는 영화급 영상 생성과 편집 기능을 제공하며, Sora는 물리 법칙을 이해하는 듯한 생동감 넘치는 영상을 생성한다. 챗GPT와 제미나이를 중심으로 하는 멀티모달 AI는 자연어 맥락 이해 능력으로 사용자가 복잡한 기술적 용어를 몰라도 일상적인 대화만으로 정교한 결과물을 얻을 수 있다.

이미지와 영상 생성에서 가장 큰 기술적 장벽은 '일관성'이다. 일관성은 사용자가 원하는 제어의 정밀도와 사용 편의성 중 무엇을 우선하느냐에 따라 선호도가 달라진다. 단순히 '편의성'을 기준으로 한다면 미드저니나 Runway가 앞서지만, '정밀 제어'를 기준으로 한다면 스테이블 디퓨전이 독보적이다. 스테이블 디퓨전 계열이 아니면 Runway, 미드저니 순으로 일관성 유지 능력이 뛰어나다고 할 수 있다.

따라서 직관적인 편의성과 예술성보다는 정밀한 일관성이 중요하다면 스테이블 디퓨전을 사용하는 것을 권고한다. 제미나이나 Sora는 사용자 의도를 이해하는 측면에서는 우수하지만 일관성 제어에는 한계가 있다.

연구·자료조사

가장 중요한 건 최신 정보와 신뢰성이다. Perplexity와 같은 검색 기능이 강화된 모델들은 답변에 참고한 뉴스나 논문의 출처 링크를 달아준다. 질문에 대해 실시간으로 웹을 검색하고 명확한 출처를 달아 답변을 제공하므로, 정확한 정보 탐색에 적합하다.

현재 모든 AI가 Perplexity처럼 답변에 출처를 표기하는 것은 아니지만, 정보 검색과 지식 전달을 목적으로 하는 AI 서비스에서는 출처 표기가 표준이 되어가고 있다. 다만 챗 GPT와 Claude는 최신 정보 제공 측면에서 다른 서비스에 비해 다소 부족한 면이 있다.

생성형 AI 성능 기준[12]

다음은 AI를 선택할 때 검토해야 할 기준 항목과 일반적인 평가이다. 무료와 유료의 차이도 있으며 이 차이는 서비스 제공사의 정책에 따라 수시로 바뀌므로 관심있는 AI에 대하여는 꾸준한 확인이 필요하다.

아주 복잡한 전문 분야가 아니라면 AI 간 성능 격차는 점점 줄어들고 있다. 또한 서비스마다 기본 특성의 차이가 있

---

[12] 기술 발전의 속도가 매우 빠르므로 일반화하기 어렵고, 사용자의 목적에 따라 기준이 달라질 수 있다.

지만, 사용자는 프롬프트나 제어를 통해 얼마든지 그 차이를 줄일 수 있다. 따라서 어떤 AI가 좋은지보다 어떤 목적으로 어느 정도 사용할지를 정하는 것이 더 중요하다. 그러려면 원리를 이해하고 목적에 맞는 AI를 찾는 안목이 필요하다.

기준 항목	결과물에 주는 영향	주요 AI별 특징
최신 정보 반영 : 학습 데이터 이후 정보를 검색해 답변하는 능력	최신 정보를 반영한 정확한 답변	■ Perplexity: 검색 특화, 정확한 출처 명시 ■ 제미나이: 구글 검색 연동으로 실시간성 강함
창의적 글쓰기 : 시, 소설, 시나리오 등 문학적 뉘앙스와 독창적인 표현을 구사하는 능력	문학적 표현이나 참신한 아이디어 획득	■ Claude: 문학적 표현, 자연스러운 문장 ■ 챗GPT: 다양한 스타일로 변환 가능 ■ 제미나이: 보고서 같은 실용글에 적합
보고서 작성 : 논리적 구조를 갖추고 형식에 맞춰 정보를 정리하는 능력	문서 작성 시간을 단축	■ 챗GPT: 논리 전거와 구조화 능력이 가장 균형 잡힘 ■ Claude: 긴 글을 요약하고 핵심 추출 능력이 탁월 ■ 제미나이: 방대한 자료를 분석해 핵심을 도출
맥락 유지 능력 : 긴 대화 속에서도 앞선 이야기의 주제와 흐름을 놓치지 않는 기억력	대화가 길어져도 정확하게 작업을 지속	■ Claude: 긴 대화에서도 논리적 일관성 유지 ■ 제미나이: 긴 컨텍스트 윈도우로 유지력 우수

기준 항목	결과물에 주는 영향	주요 AI별 특징
맥락 파악 능력 : 사용자의 명시적 명령 뿐만 아니라 숨겨진 의도나 분위기까지 파악	상황에 맞춰 적당한 길이와 톤으로 결과물을 조정	■ Claude: 행간을 읽는 능력이 뛰어나 의도 파악이 빠름 ■ 챗GPT: 범용적으로 우수한 이해력을 보임 ■ CLOVA X: 한국어 특유의 표현 이해에 강점
시각 창작물 품질 : 고품질의 이미지 생성 능력	고화질 이미지나 삽화를 즉시 생성	■ 미드저니: 사진 같은 사실성과 예술적 화풍 ■ DALL-E (ChatGPT 내장): 명령어 이해도가 높아 원하는 구도를 잘 잡음 ■ 스테이블 디퓨전: 세밀하게 제어할 수 있는 폭이 넓음
시각 창작물 일관성 : 같은 캐릭터나 스타일을 동일하게 유지하는 능력	장편물에서 캐릭터나 구조 일관성	■ Runway: 캐릭터 일관성 ■ 스테이블 디퓨전: 구조 고정을 통해 완벽한 일관성 구현 ■ DALL-E: 일관성 깨짐 현상 발생
컨텍스트 윈도우 크기 : 한 번에 읽고 처리할 수 있는 정보의 양	대형 논문이나 책 한 권을 한 번에 분석 가능	■ 제미나이: 가장 큰 컨텍스트 윈도우로 책 수십 권을 한번에 처리 가능
도구 연동 : 외부 도구 연동	전문 도구 활용한 통합 처리	■ 챗GPT: 병용성과 맞춤 구성 가능 ■ 제미나이: 구글 생태계와 통합

최신 정보 반영

AI가 얼마나 최신 정보를 잘 다루는지는 결과물의 정확성과 직결된다. 대부분의 AI는 학습 데이터가 특정 시점까지만 포함되어 있어서, 그 이후의 사건이나 변화된 정보는 스스로 알지 못한다. 이런 한계를 극복하려면 실시간 검색 기능이 있어야 한다. 예를 들어 '오늘 환율'처럼 최근 정보가 필요한 질문을 했을 때, 검색 기능이 없는 AI는 답을 못하거나 오래된 정보를 제공한다.

Perplexity는 검색에 특화되어 실시간 웹 정보를 빠르게 찾아주고, 제미나이는 구글 검색 엔진과 연동되어 있어 최신 정보 접근이 용이하다. 챗GPT는 플러그인을 통해 검색 기능을 추가할 수 있다. 만약 뉴스, 주식, 날씨, 최신 연구 동향 같은 시의성 있는 정보가 자주 필요하다면 이 기능을 갖춘 AI를 선택해야 한다.

창의적 글쓰기

소설, 광고 카피, 시나리오처럼 창의성이 필요한 글을 쓸 때는 문학적 표현이나 참신한 아이디어를 만들어내는 능력이 중요하다. 단순히 정보를 나열하는 것이 아니라, 감정을 담고 독자의 흥미를 끄는 표현을 할 수 있어야 한다.

어떤 AI는 건조하게 문장을 쓰지만, 창의성이 뛰어난 AI

는 생생하고 감성적인 또는 문학적 표현을 한다. 챗GPT는 창의적 표현과 자연스러운 문장 전개에 강점이 있고, Claude는 분석적이면서도 추론이 깊은 글이 특징이다. 마케팅 자료, 블로그 콘텐츠, 창작물을 주로 만든다면 창의적 글쓰기 능력이 뛰어난 AI를 선택하는 것이 좋다.

보고서 작성

업무나 학업에서 체계적인 보고서를 만들 때는 문서 작성 시간을 얼마나 단축할 수 있는지가 중요하다. 정보를 논리적으로 구조화하고, 핵심을 명확히 전달하는 능력이 필요하다. 예를 들어 '분기별 매출 분석 보고서'를 작성한다면, AI가 데이터를 표로 정리하고, 증감 추이를 분석하며, 개선 방안을 제시할 수 있어야 한다.

챗GPT는 논리적 전개와 구조화 능력이 뛰어나서 빠르게 문서 틀을 잡을 수 있고, Claude는 깊이 있는 요약과 핵심 추출에 강해서 복잡한 내용을 간결하게 정리한다. 제미나이는 방대한 자료를 한꺼번에 처리하고 정리하는 데 유용하며, 보고서나 설명문 같은 실용적 글쓰기에 적합하다. 업무 보고서, 제안서, 연구 리포트를 작성해야 한다면 보고서 작성 능력이 우수한 AI를 우선 검토하는 것이 좋다.

맥락 유지 능력

대화가 길어질수록 AI가 앞서 나눈 내용을 기억하고 일관된 흐름을 유지하는 능력이다. 복잡한 프로젝트를 여러 단계에 걸쳐 진행할 때 특히 중요하다.

Claude는 대화에서도 논리적 일관성을 잘 유지하고, 제미나이는 긴 대화에서도 맥락을 잃지 않으며, 챗GPT는 명확한 흐름을 유지한다. 장기 프로젝트, 단계별 작업, 복잡한 상담이 필요하다면 맥락 유지 능력이 뛰어난 AI를 선택해야한다.

맥락 파악 능력

사용자의 상황과 의도를 정확히 이해하고, 서로 다른 문맥을 구분하여 적절하게 추론하는 능력이다. 명시적으로 말하지 않은 내용도 상황내에서 파악할 수 있어야 한다.

챗GPT와 Claude는 맥락을 잘 파악하여 적절한 답변을 제공하고 자연스러운 대화를 이어간다. CLOVA X는 한국어 특유의 표현과 문화적 맥락을 이해하는 데 강점이 있다. 상담, 컨설팅, 복잡한 커뮤니케이션이 필요한 업무는 이 능력이 중요하다.

시각 창작물 품질

AI가 해상도, 디테일, 색감, 구도 같은 요소를 얼마나 고품질로 생성하는지를 보여주는 지표이다. 품질이 낮은 AI는 흐릿하고 부자연스러운 이미지를 만들지만, 고품질 AI는 세밀한 질감까지 표현한다.

미드저니는 회화적이고 예술적인 느낌이 강하다. 조명을 쓴 듯 명암 대비가 뚜렷하고 질감이 풍부해, 별다른 설정 없이도 '작품' 같은 이미지를 만든다. 반면 DALL-E는 사용자의 명령어를 정확하게 이해하는 데 집중한다. 복잡한 상황 묘사나 이미지 속 텍스트 입력에 강점이 있다. 화려함보다는 지시 사항 이행과 논리적인 구도에 더 신경을 쓴다. 스테이블 디퓨전은 실사 표현에 능하다. 실제 사진 같은 리얼리즘을 추구하거나, 사용자가 세밀한 설정을 통해 원하는 화풍을 직접 만들어낼 때 유용하다. 전문적인 광고 이미지, 일러스트레이션, 콘셉트 아트 작업에서는 사진 작성 품질이 높은 AI를 선택하는 것을 추천한다.

시각 창작물 일관성

여러 장의 이미지를 만들 때 캐릭터나 스타일이 균등하게 유지되는 능력이다. 장편 시리즈물이나 브랜드 콘텐츠를 만들 때 필수적이다. 예를 들어 동화책 프로젝트에서 주인공

곰 캐릭터를 만들었다면, 1페이지에서 50페이지까지 같은 곰이 등장해야 한다. 귀 모양, 털 색깔, 외형이 매번 달라지면 독자가 혼란스러워한다.

Runway는 캐릭터의 외형을 일관되게 유지하는 데 강점이 있고, 스테이블 디퓨전은 워크플로우 구성 기술로 일관성 유지에 가장 장점이 있다. DALL-E는 어느 정도 일관성을 구현한다.

캐릭터 디자인, 브랜드 비주얼, 연속된 구조 등이 중요하다면 일관성이 뛰어난 AI를 선택하는 것이 좋다.

컨텍스트 윈도우 크기

AI가 한 번에 읽고 처리할 수 있는 정보의 양을 의미한다. 이는 마치 사람이 한 번에 기억할 수 있는 용량과 비슷하다. 컨텍스트 윈도우가 크면 긴 문서도 한 번에 분석할 수 있다.

예를 들어 300페이지 분량의 논문을 업로드하고 "전체 내용을 요약하고 핵심 주장을 정리해줘"라고 요청했을 때, 컨텍스트 윈도우가 작으면 일부만 읽고 답변하거나 여러 번 나눠서 처리해야 한다.

제미나이는 매우 큰 컨텍스트 윈도우를 가지고 있어 대용량 문서를 한 번에 처리할 수 있다. 만약 책 원고 검토, 대규모 코드 분석, 여러 문서 비교가 필요하다면 컨틱스트 윈도우가 큰 AI를 사용하거나 파일을 나누어 AI에게 전달해야 한다.

도구 연동

AI의 가치는 단독으로 사용하지 않고 외부 시스템이나 서비스와 유기적으로 결합하는 능력을 의미한다. 사용자가 이미 구축해 둔 업무 환경이나 주로 사용하는 소프트웨어와 매끄럽게 융합하여 업무 프로세스의 자동화를 가능하게 하는 핵심 요소다.

AI가 생성한 결과물이 직접 클라우드 문서로 저장되거나 캘린더의 일정으로 등록되기도 하고 이메일 발송까지 자동화함으로써 사용자의 개입을 최소화한다.

챗GPT는 다양한 플러그인을 통해 계산, 번역, 데이터 분석 등 특화된 도구 연동으로 기능을 보완하고 있고, 제미나이는 검색 엔진 및 문서 도구 등 기존 구글 생태계와 결합하여 활용도를 높인다.

올바른 AI 활용

우리가 지금 피부로 느끼는 AI 혁명의 실체는 대부분 생성형 AI에서 비롯된다. 검색을 대신해 문장을 만들고 이미지를 그리며 영상을 구성한다. 예전에는 전문가의 영역으로 여겨지던 작업이 일상으로 실현 가능하다. 변화의 속도도 점점 가속화하고 있어 어제 배운 방법이 오늘은 구식 기술이 된다. 이런 환경에서 중요한 것은 새로운 도구를 얼마나 빨리 익히느냐보다 어떻게 바라보고 어떤 태도로 활용하느냐이다.

AI를 이해할 때 가장 먼저 필요한 태도는 입체적으로 보는 시선이다. 사람의 삶이 단선적이지 않듯 AI 활용도 하나의 직선 위에 놓여 있지 않다. 프롬프트를 잘 쓰는 기술만 안다고 해서 AI를 잘 쓴다고 말하기 어렵다. 그 뒤에는 모델이 학습되는 방식이 있고 확률적으로 문장을 예측하는 원리가 있으며 한계와 오류가 존재한다. 또 그 위에 실제 문제를 어떻게 정의할 것인지 어떤 수준까지 AI에 맡길 것인지 인간은 무엇을 판단해야 하는지가 함께 얽혀 있다. 원리와 개념을 만드는 과정 문제와 해결 방식 활용 수준과 기법은 따로 떨어져 있지 않고 동시에 맞물려 돌아간다.

이 얽힘은 개별 요소 안에서도 나타나고 요소들 사이에서도 나타난다. 예를 들어 글쓰기에 생성형 AI의 도움을 받는데 사용자가 문장력이 부족하면 더 좋은 작품을 만들기 어렵다. 반대로 원리만 알고 실제 활용 기법을 모르면 일상에서는 쓸 수 없다. 업무 자동화를 생각할 때도 마찬가지다. 단순 반복 작업은 쉽게 맡길 수 있지만 판단이 필요한 단계에서는 도메인 역량이 필요하다. 이 경계를 어디에 그을지는 기술이 아니라 맥락과 목적에 따라 결정한다. 이런 관계망은 한 번에 이해하고 해결하기 어렵다. 그래서 생성형 AI 학습은 단기 속성 과정으로 끝나기 힘들다. 꾸준히 써보고 실패하고 다시 이해하는 과정이 필요하다.

여기서 중요한 점은 변하는 가치와 변하지 않는 가치를 구분하여 판단 기준을 정하는 것이다. 기술과 도구는 빠르게 변하고 있어 특정 모델 이름이나 서비스는 순식간에 바뀐다. 인터페이스도 계속 달라진다. 반면 데이터를 기반으로 패턴을 학습한다는 점, 확률적으로 다음 결과를 예측한다는 점, 인간의 언어와 사고를 흉내 내지만 이해와 의식은 없다는 점 등 AI의 원리는 변하지 않는다.

그래서 올바른 AI 활용을 위해서는 먼저 원리를 이해하는 것이 중요하다. 새로운 기능이 나올 때마다 조급해할 필요는 없다. 대신 이 기능이 기존 원리 위에서 어떻게 확장된 것인지 생각해 보는 습관이 필요하다. 그러면 도구가 바뀌어도 적응 속도가 빨라진다. 기술은 계속 발전한다. 그러나 원리를 중심에 두고 공부하는 자세는 오래간다. 이것이 빠르게 변하는 AI 시대에 흔들리지 않고 살아가는 가장 지혜로운 방법이다.

7. 생성형 AI의 미래

　우리가 현재 피부로 느끼는 AI 혁명의 실체는 대부분 '생성형 AI'에서 비롯된다. 과거의 AI가 주어진 데이터를 보고 정답과 오답을 구분하는 '판별자' 역할에 머물렀다면, 지금의 AI는 완전히 다른 단계로 진입했을 것이다. 생성형 AI의 핵심 능력인 '언어 이해'와 '추론'은 단순한 챗봇 기능을 넘어 미래 기술의 '두뇌' 역할을 한다. 최근 주목받는 '에이전트 AI'나 '피지컬 AI'는 이 두뇌를 활용해 맥락을 이해하고 스스로 목표를 세우며, 필요한 도구를 찾아 작업을 수행한다.

　생성형 AI 기술의 발전은 놀랍다. 많은 사람의 예상을 앞지르는 발전을 거듭하고 있다. 그렇지만 기본적인 지향점은 편의성과 활용도를 높이는 방향이다.

첫째, 맥락 파악 기술이 비약적으로 발전하여 인간과 AI의 협업 방식이 바뀐다. 지금은 AI에게 구체적인 지시를 내려야 원하는 결과물을 얻지만, 미래의 AI는 사용자가 처한 상황, 과거의 작업 이력, 선호하는 스타일까지 스스로 파악한다. 예를 들어 보고서를 쓸 때 AI가 필요한 자료를 미리 찾아 거의 완성된 초안을 작성해 놓는 수준이 된다. 이때 인간은 AI의 작성을 돕는 것이 아니라, AI가 완성한 결과물의 사실관계를 확인하고 최종 판단을 내리는 검증자 역할에 집중하게 된다.

둘째, 이제는 단순히 성능만 따지기보다 특화된 전문성과 편의성, 비용 효율성이 더욱 중요해지고 있다. 모든 지식을 아는 대형 AI도 존재하지만, 실제 산업 현장이나 개인의 삶에서는 특정 영역에 최적화된 AI에 대한 관심이 커지고 있다. 마치 스마트폰 초기에 사양 경쟁이 치열했지만 결국 사용자 경험이 중요해진 것처럼 말이다. 법률 계약서만 전문적으로 검토하는 AI, 업무용 소프트웨어에 내장되어 마우스 클릭 횟수를 줄여주는 실용적인 AI가 주류를 이룰 것이다. 결국 기술 자체보다는 그 기술이 얼마나 우리 삶에 자연스럽게 스며들어 실질적인 도움을 주는지가 미래 AI의 성패를 가를 것이다.

셋째, 텍스트, 이미지, 소리 등 다양한 형태의 정보를 처리하는 '멀티모달'은 이제 피지컬 AI로 그 영역을 급속도로 확장하고 있다. 막연한 미래의 전망을 벗어나 피지컬 AI 로봇들이 생성형 AI를 두뇌로 하여 놀라운 발전을 보여주고 있다. 단순한 정보 처리를 넘어, 고도화된 지능을 바탕으로 인간과 유연하게 상호작용하고 현실 공간에서 복잡한 과업을 수행하는 단계로 진입하고 있다. 즉, AI의 미래는 디지털 세계를 넘어 우리 곁에서 함께 움직이고 행동하는 형태로 구체화되고 있다.

마지막으로 AI가 사용자 개개인의 성향과 의도를 파악해 맞춤형 서비스를 제공하는 '초개인화'로 가고 있다. 과거 데이터를 분석하고 실시간으로 사용자의 상황을 파악하여, AI는 의도를 예측하고 조정한다. 이처럼 AI 초개인화는 사용자 한 명 한 명에게 전담 비서가 붙은 것처럼 세심하게 반응하는 기능적 진화를 의미한다.

또한, AI가 확률 기반 예측을 넘어 현실 세계에서 온전하게 기능하기 위한 개념인 '월드 모델(World Model)[13]'에 대한 관심과 연구가 활발해지고 있다. 월드 모델은 AI가 현실 세계의 물리 법칙과 인과 관계를 이해하는 시뮬레이션을 할 수 있게 한다. 이를 통해 AI는 배우지 않은 낯선 환경에서도 상황을 추론하고 미래를 예측하며 안전하게 행동할 수 있다. 이는 AI가 인간처럼 세상을 구조적으로 이해하는 단계로 나아가는 출발점이다.

물론 저작권, 개인 정보 보호, 일자리 변화, 인간의 역할과 같은 사회적 문제도 중요한 과제로 계속 관심을 받게 될 것이다.

최근 세계 최대 가전·IT 전시회인 CES에서 피지컬 AI는 단연 세계적인 화두였다. 많은 사람이 예상했던 것보다 AI 혁명의 시계는 점점 빨라지고 있다. 이와 함께 AI 생태계의 중심에 있는 생성형 AI도 더욱 빠르게 우리 삶의 한 축으로 자리 잡고 있다. AI에 관심이 있든 없든, AI를 알든 모르든, AI와 함께 사는 세상으로 빠르게 들어와 있고, 우리는 그 중심에 이미 존재하고 있는 것이다.

---

13 구글 브레인 소속 연구원이었던 데이비드 하와 위르겐 슈미트후버가 2018년에 "World Models"라는 제목의 논문에서 이 용어와 개념을 도입하였다. 2025년에는 연구 단계에서 초기 상용화로 진입하였다고 평가된다.

AI 시대, 알아두면 좋을 AI 용어 30개

부록에는 AI 시대를 살아가는 일반인이 꼭 알아야 할 AI 용어 30개를 정리했다. 외국어를 배울 때 단어집을 펼치듯, 기초, 기술, 활용 세 영역으로 분류해 필요한 용어를 쉽게 찾아볼 수 있도록 구성했다.

AI와 친해지기 위한 필수 개념
: "AI란 무엇이고, 어떤 특징을 가지고 있는가?"

1. 기계학습(ML: Machine Learning)

컴퓨터가 데이터를 이용해 스스로 학습하고 예측 능력을 키우는 기술이다. 일일이 규칙을 입력하지 않아도 수많은 데이터 속에서 패턴을 찾아내며, AI을 구현하는 핵심 방법론이다.

2. 데이터 편향(Data Bias)

학습 데이터가 특정 인종, 성별, 문화에 치우쳐 AI가 공정하지 못한 결과를 내놓는 현상이다. 이를 해결하지 않으면 AI가 사회적 차별이나 고정관념을 그대로 답습하거나 증폭할 위험이 있다.

3. 도메인(Domain)

AI가 적용되는 특정 전문 분야나 주제 영역이다. AI에게 특정 도메인의 데이터를 집중적으로 학습시키면, 해당 분야의 전문 용어와 맥락을 깊이 이해하여 전문가 수준의 성능을 갖게된다.

4. 딥러닝(DL: Deep Learning)

인간의 뇌 구조를 모방한 인공신경망을 겹겹이 쌓아 데이터를 학습하는 기계학습의 일종이다. 사진 구별이나 음성 인식처럼 사람도 명확한 규칙을 설명하기 어려운 복잡한 문제를 해결하는 데 탁월하다.

5. 멀티모달(Multimodal)

텍스트, 이미지, 음성, 영상 등 서로 다른 유형의 데이터 정보를 동시에 받아들이고 처리하는 기술이다. 인간이 눈과 귀로 정보를 동시에 습득하듯, AI가 다양한 감각을 결합해 이해하는 방식이다.

6. 맥락(Context)

AI가 대화의 흐름이나 배경 상황을 이해하는 범위다. AI가 한 번에 기억하고 처리할 수 있는 정보의 양인 '맥락 창(Context Window, 컨텍스트 윈도우)'이 클수록 긴 대화도 놓치지 않고 기억한다.

7. 생성모델(Generative Model)

데이터의 패턴을 익혀 새로운 결과물을 만드는 기술적 모형이다. 이 모형을 기초로 방대한 데이터를 학습시킨 결과물이 '기초모델'이다. 즉, 기초모델을 탄생시키는 설계도이자 원천 기술이다.

8. 생성형 AI(Generative AI)

데이터 패턴을 학습해 텍스트, 이미지, 오디오 등 새로운 콘텐츠를 만들어내는 AI다. 기존 정보를 단순히 분류하거나 예측하는 것을 넘어, 창의적인 결과물을 스스로 '생성'한다는 점이 특징이다.

9. 인공일반지능(AGI: Artificial General Intelligence)

특정 분야에 국한되지 않고 인간처럼 모든 지적 업무를 수행할 수 있는 가상의 미래 AI이다. 스스로 학습하고 상황을 판단하며 자의식까지 갖춘, 인간과 대등하거나 그 이상의 지능을 뜻한다.

10. 토큰(Token)

AI가 텍스트를 인식하고 처리하는 기본 단위다. 영어는 단어 하나가 토큰 하나와 비슷하지만, 한국어는 글자나 형태소 단위로 쪼개진다. 사용료 과금이나 AI의 처리 용량을 계산하는 기준이 된다.

11. 환각(Hallucination)

AI가 사실이 아닌 정보를 마치 진실인 것처럼 그럴듯하게 생성하는 오류 현상이다. 학습 데이터에 없는 내용을 억지로 답하거나, 서로 다른 정보를 잘못 연결하여 엉뚱한 거짓말을 하는 현상이다.

기술: AI의 두뇌는 어떻게 만들어지는가
: "AI는 어떤 원리로 학습하고 작동하는가?"

12. 강화학습(RL: Reinforcement Learning)

시행착오를 거치며 보상을 가장 많이 받는 쪽으로 스스로 행동을 교정하는 학습 방법이다. 알파고가 바둑을 두거나 로봇이 걷는 법을 배울 때처럼, 정답이 없는 문제에서 최적의 방법을 찾을 때 쓴다.

13. 거대언어모델(LLM: Large Language Model)

'트랜스포머' 기술을 기반으로 방대한 데이터를 학습한 AI다. 생성형 AI의 두뇌 역할을 하며 사람처럼 자연스럽게 읽고 쓴다. 글쓰기, 번역, 요약, 코딩 등 언어로 하는 모든 작업에 활용한다.

14. 검색증강생성(RAG: Retrieval-Augmented Generation)

AI가 답변을 생성할 때, 학습한 지식에만 의존하지 않고 신뢰할 수 있는 외부 자료를 검색해 참고하는 기술이다. 최신 정보를 반영하거나 특정 지침을 추가하여 거짓 정보를 지어내는 환각 현상을 줄이는 목적으로 사용한다.

15. 경량화 모델(sLLM: small Large Language Model)

거대언어모델의 파라미터 수를 줄여 모델의 크기를 작게 만든 것이다. 성능은 유지하면서도 구동 비용을 낮추고 반응 속도를 높여, 스마트폰이나 로봇, 자율자동차 등 특정 기기에 탑재하기 적합하다.

16. 기초모델(Foundation Model)

생성형 AI를 만들기 위해 방대한 데이터로 미리 학습된 범용 AI 모델이다. 이 모델을 기반으로 미세조정을 거치면 구체적인 AI 서비스가 만들어진다.

17. 매개변수(Parameter)

AI 모델이 학습 과정에서 데이터의 특징을 저장하는 변수다. 뇌의 시냅스처럼 매개변수의 수가 많을수록 모델이 처리할 수 있는 정보량이 많고 지능이 높다고 평가된다.

18. 미세조정(Fine-tuning)

기초 모델에 특정 분야의 데이터를 추가로 학습시켜 전문성을 높이는 과정이다. 의학, 법률 등 특수 목적에 맞게 AI를 최적화하거나 말투를 교정할 때 사용한다.

19. 사전학습(Pre-training)

AI가 특정 임무를 수행하기 전, 방대한 데이터로 일반적인 지식과 패턴을 미리 익히는 단계이다. 인간이 학교에서 언어와 기초 지식을 배우는 것과 같아, AI 성능의 기초가 된다.

20. 월드 모델(World Model)

인간이 머릿속으로 상황을 시뮬레이션하듯, AI가 현실 세계의 물리 법칙과 인과관계를 이해하도록 설계된 모델이다. '범용AI'로 가는 핵심 기술이다.

21. 자연어 처리(NLP)

컴퓨터가 인간이 쓰는 언어인 자연어를 이해하고 생성하며 조작하도록 만드는 기술이다. 번역기, 검색 엔진, 음성 비서, 챗봇 등 언어를 다루는 모든 AI 서비스의 기반이 된다.

22. 트랜스포머(Transformer)

문장이나 데이터 전체를 한꺼번에 바라보며 문맥을 파악하는 AI 구조이다. 딥러닝의 혁신을 가져왔으며, 거대언어모델을 탄생시킨 설계도이자 핵심 기술이다.

23. 컴퓨터 비전(Computer Vision)

인간의 시각처럼 AI가 카메라를 통해 이미지나 영상을 분석하여 주변 상황을 인식하는 기술이다. 로봇, 자율주행차 등 피지컬 AI의 '눈'이다.

24. 그라운딩(Grounding)

AI가 현실의 사실이나 데이터에 기반해 답변하도록 이끄는 개념이다. 정보를 찾아 참고하는 RAG가 대표적인 수단이다. 검증된 정보나 지침에 근거하도록 하여 답변의 신뢰성을 확보하는 목적이다.

25. 에이전트 AI(Agent AI)

사용자가 구체적인 방법을 지시하지 않아도 목표만 주면 스스로 계획을 세우고 도구를 사용하여 작업을 완수하는 자율적인 AI다. 단순히 질문에 답하는 것을 넘어 실질적인 업무를 대신 수행한다.

26. 온디바이스 AI(On-device AI)

인터넷 연결 없이 스마트폰이나 PC 등 기기 자체에서 직접 작동하는 AI이다. 개인 정보가 외부 서버로 나가지 않아 보안에 강하고, 통신이 안 되는 곳에서도 빠르게 반응한다.

27. 피지컬 AI(Physical AI)

소프트웨어의 지능과 하드웨어의 움직임이 결합하여 로봇, 드론, 자율주행차 등 기계의 몸을 통해 현실 세계와 직접 상호작용하는 AI이다. '임바디드 AI' 또는 '물리적 AI' 등으로도 불린다.

28. 프롬프트(Prompt)

AI에게 특정 작업을 수행하도록 지시하기 위해 입력하는 명령어다. 질문, 지시, 예시 등을 포함하며, 프롬프트의 품질과 구체성에 따라 AI가 생성하는 결과물의 수준이 달라진다.

29. 프롬프트 엔지니어링(Prompt Engineering)

AI가 문맥을 잘 이해하고 지시 구성을 따르도록 하는 기법으로, AI로부터 최적의 결과물을 얻어내기 위해 프롬프트를 설계하는 기술이다.

30. 추론(Inference / Reasoning)

문맥에 따라 의미가 다르다. 기술적으로는 입력된 값에 대해 AI가 자동으로 결과를 산출하는 작동 과정(Inference)을, 활용 면에서는 사용자의 요청에 맞춰 정보를 단계별로 분석하고 판단하는 논리적 사고(Reasoning)를 뜻한다.

프랑스엔 〈크세주〉, 일본엔 〈이와나미 문고〉, 한국에는 〈살림지식총서〉가 있습니다.

📖 전자책 | 🔍 큰글자 | 🔊 오디오북

생성형 AI
— 원리로 이해하는 지혜로운 생성형 AI 활용

펴낸날	초판 1쇄 2026년 3월 16일

지은이	이운성
기획·편집	박영순
펴낸이	심만수
펴낸곳	(주)살림출판사
출판등록	1989년 11월 1일 제9-210호

주소	경기도 파주시 광인사길 30
전화	031-955-1350 팩스 031-624-1356
홈페이지	http://www.sallimbooks.com
이메일	book@sallimbooks.com

ISBN	978-89-522-4983-8 04080
	978-89-522-0096-9 04080 (세트)

126 초끈이론 아인슈타인의 꿈을 찾아서

eBook

박재모(포항공대 물리학과 교수) · 현승준(연세대 물리학과 교수)

빠르게 발전하고 있는 초끈이론을 일반대중이 이해할 수 있도록
쉽게 풀어쓴 책. 중력을 성공적으로 양자화하고 모든 종류의 입자
와 그들 간의 상호작용을 포함하는 모형으로 각광받고 있는 초끈
이론을 설명한다. 초끈이론을 이해하기 위해 필요한 양자역학이
나 일반상대론 등 현대물리학의 제 분야에 대해서도 알기 쉽게 소
개한다.

125 나노 미시세계가 거시세계를 바꾼다

eBook

이영희(성균관대 물리학과 교수)

박테리아 크기의 1000분의 1에 해당하는 크기인 '나노'가 인간
세계를 어떻게 바꿔 놓을 것인지에 대한 해답을 제시하는 책. 나
노기술이란 무엇이고 나노크기의 재료들은 어떻게 만들어지는가,
나노크기의 재료들을 어떻게 조작해 새로운 기술들을 이끌어내는
가, 조작을 통해 어떤 기술들을 실현하는가를 다양한 예를 통해 소
개한다.

448 파이온에서 힉스 입자까지

eBook

이강영(경상대 물리교육과 교수)

누구나 한번쯤 '우주는 어디에서 시작됐을까?' '물질의 근본은 어
디일까?'와 같은 의문을 품어본 적은 있을 것이다. 물질과 에너지
의 궁극적 본질에 다가서면 다가설수록 우주의 근원을 이해하는
일도 쉬워진다고 한다. 이 책은 바로 이러한 질문들의 해답을 찾기
위해 애쓰는 물리학자들의 긴 여정을 담고 있다.

035 법의학의 세계

eBook

이윤성(서울대 법의학과 교수)

최근 드라마나 영화를 통해 일반인의 호기심을 자극하고 있지만
거의 알려지지 않은 법의학을 소개한 책. 법의학의 여러 분야에 대
한 소개, 부검의 필요성과 절차, 사망의 원인과 종류, 사망시각 추
정과 신원확인, 교통사고와 질식사 그리고 익사와 관련된 흥미로
운 사건들을 통해 법의학에 대한 이해를 돕는다.

395 적정기술이란 무엇인가　　eBook

김정태(적정기술재단 사무국장)

적정기술은 빈곤과 질병으로부터 싸우고 있는 전 세계의 사람들에게 희망을 안겨주는 따뜻한 기술이다. 이 책에서는 적정기술이 탄생하게 된 배경과 함께 적정기술의 역사, 정의, 개척자들을 소개함으로써 적정기술에 대한 기본적인 이해를 돕고 있다. 소외된 90%를 위한 기술을 통해 독자들은 세상을 바꾸는 작지만 강한 힘이란 무엇인가에 대해서 알 수 있을 것이다.

022 인체의 신비

이성주(코리아메디케어 대표)

내 자신이었으면서도 여전히 낯설었던 몸에 대한 지식을 문학, 사회학, 예술사, 철학 등을 접목시켜 이야기해 주는 책. 몸과 마음의 신비, 배에서 나는 '꼬르륵' 소리의 비밀, '키스'가 건강에 이로운 이유, 인간은 왜 언제든 '사랑'할 수 있는가에 대한 여러 학설 등 일상에서 일어나는 수수께끼를 명쾌하게 풀어 준다.

036 양자 컴퓨터　　eBook

이순칠(한국과학기술원 물리학과 교수)

21세기 인류 문명에서 가장 중요한 요소 중의 하나로 꼽히는 양자 컴퓨터의 과학적 원리와 그 응용의 효과를 소개한 책. 물리학과 전산학 등 다양한 학문적 성과의 총합인 양자 컴퓨터에 대한 이해를 통해 미래사회의 발전상을 가늠하게 해준다. 저자는 어려운 전문용어가 아니라 일반 대중도 이해가 가능하도록 양자학을 쉽게 설명하고 있다.

214 미생물의 세계　　eBook

이재열(경북대 생명공학부 교수)

미생물의 종류 및 미생물과 관련하여 우리 생활에서 마주칠 수 있는 여러 현상들에 대해, 알기 쉽게 풀어 설명한다. 책을 읽어나가며 독자들은 미생물들이 나름대로 형성한 그들의 세계가 인간의 그것과 다름이 없음을, 미생물도 결국은 생물이고 우리와 공생하고 있다는 사실을 알 수 있을 것이다.

375 레이첼 카슨과 침묵의 봄　eBook

김재호(소프트웨어 연구원)

『침묵의 봄』은 100명의 세계적 석학이 뽑은 '20세기를 움직인 10권의 책' 중 4위를 차지했다. 그 책의 저자인 레이첼 카슨 역시 「타임」이 뽑은 '20세기 중요인물 100명' 중 한 명이다. 과학적 분석력과 인문학적 감수성을 융합하여 20세기 후반 환경운동에 절대적 영향을 준 레이첼 카슨과 『침묵의 봄』에 대한 짧지만 알찬 안내서.

277 사상의학 바로 알기　eBook

장동민(하늘땅한의원 원장)

이 책은 사상의학이라는 단어는 알고 있지만 심리테스트 정도의 흥밋거리로 알고 있는 사람들에게 바른 상식을 알려 준다. 또한 한의학이나 사상의학을 전공하고픈 학생들의 공부에 기초적인 도움을 준다. 사상의학의 탄생과 역사에서부터 실생활에서 적용할 수 있는 간단한 사상의학의 방법들을 소개한다.

356 기술의 역사　멘석기에서 유전자 재조합까지

송성수(부산대학교 기초교육원 교수)

우리는 기술을 단순히 사물의 단계에서 생각하기 쉽다. 하지만 기술에는 인간의 삶과 사회의 배경이 녹아들어 있다. 기술의 역사를 통해 우리는 기술과 문화, 기술과 인간의 삶을 연결시켜 생각할 수 있게 될 것이다. 이 책을 읽은 후 주변에 있는 기술을 다시 보게 되면, 그 기술이 뭔가 다른 느낌으로 다가올 것이다.

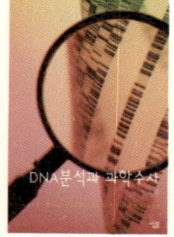

319 DNA분석과 과학수사　eBook

박기원(국립과학수사연구소 연구관)

범죄수사에서 유전자분석에 대한 관심이 커지고 있지만 간단하게 참고할 만한 책은 거의 없는 실정이다. 이 책은 적은 분량이지만 가능한 모든 분야와 최근의 동향을 소개하고 있다. 특히, 내용의 이해를 돕기 위하여 서래마을 영아유기사건이나 대구지하철 참사 신원조회 등 실제 사건의 감정 사례를 소개하는 데도 많은 비중을 두었다.

eBook 표시가 되어있는 도서는 전자책으로 구매가 가능합니다.

(주)살림출판사
www.sallimbooks.com
주소 경기도 파주시 문발동 522-1 | 전화 031-955-1350 | 팩스 031-955-1355